Einsam zu sein: gibt es das heutzutage überhaupt noch, wo sich doch jeder mit jedem in Windeseile verknüpfen und hemmungslos Informationen, Gefühlszustände, Ärgernisse und Lustigkeiten austauschen kann? Natürlich gibt es die Einsamkeit noch, und manch einen mag das Gefühl beschleichen, dass sie in Zeiten allgegenwärtiger Vernetzung eher größer als kleiner geworden ist. Aber ist das immer wirklich so schlimm? Wenn man sich ein wenig einsam fühlt? Bietet sie nicht manchmal sogar eine bitter notwendige Atempause? Max Dorner lädt uns ein auf eine ehrliche, amüsante und gleichzeitig schonungslose Expedition zu den schillernden Variationen der Einsamkeit in unserem Alltag. Und unternimmt die Ehrenrettung eines maßlos unterschätzten Lebensgefühls.

MAXIMILIAN DORNER, geboren 1973 in München, studierte Dramaturgie an der Bayerischen Theaterakademie und ist seitdem als Autor, Regisseur und Literaturlektor tätig. 2006 wurde bei ihm eine unheilbare Nervenkrankheit diagnostiziert. Diese Erfahrung beschrieb er in dem sehr erfolgreichen Buch »Mein Dämon ist ein Stubenhocker«. Maximilian Dorner lebt in München.

Maximilian Dorner

Einsam,
na und?

Von der Entdeckung
eines Lebensgefühls

btb

Verlagsgruppe Random House FSC® N001967

1. Auflage
Genehmigte Taschenbuchausgabe Juni 2017
Copyright © 2015 by btb Verlag in der
Verlagsgruppe Random House GmbH,
Neumarkter Str. 28, 81673 München
Umschlaggestaltung: semper smile, München
Covermotiv: © Noah Clayton/Getty Images
Druck und Einband: GGP Media GmbH, Pößneck
AH · Herstellung: sc
Printed in Germany
ISBN 978-3-442-71535-0

www.btb-verlag.de
www.facebook.com/btbverlag
Besuchen Sie auch unseren LiteraturBlog www.transatlantik.de

Inhalt

Eins. Annäherungen

Unsichtbares. Vom erhöhten Rand der Piazza del Campo in Siena hat man den besten Blick auf das von der Septemberwärme ermattete Touristentreiben. Doch auf einmal ist es mit der Beschaulichkeit vorbei.

»I must be connected!«

Die Stimme klingt so flehentlich, dass ich mich umdrehe. Vor einem der Cafés steht ein vielleicht dreißigjähriger Mann. Er wedelt mit seinem Smartphone vor einer Kellnerin mit bodenlanger Schürze hin und her.

»Wifi, you understand? Wifi. Urgent!«, ruft er mit französischem Akzent.

Die Kellnerin schüttelt den Kopf, woraufhin der Mann mit der freien Hand auf einen Aufkleber neben der Eingangstür deutet, der freies WLAN verspricht.

»No internet«, sagt die Kellnerin bestimmt und lässt ihn stehen. Er braucht ein paar Sekunden, um sich zu fassen. Dann sieht er sich hilfesuchend um. Unsere Blicke begegnen sich kurz, bevor er Richtung Dom davonstürzt. Ob er da eine bessere Verbindung ins Netz findet?

Vor mir sitzt eine deutsche Familie auf dem rostroten Pflaster. Der Vater hat sich vor ein paar Minuten verabschiedet, um sich »die Beine zu vertreten«. Die Mutter steht auf und stellt sich vor ihre drei Kinder wie eine übermotivierte Reiseleiterin. Diese sind dem Alter nach aufgereiht: links außen die Tochter um die achtzehn, rechts der jüngste Sohn, vielleicht zwölf, und dazwischen ein Jugendlicher mit tief ins Gesicht gezogener Baseballkappe. Alle drei sind gleich schlecht gelaunt. Jeder Vorschlag der Mutter wird mit einem Kopfschütteln abgeschmettert. Also kein Dom, kein Rathausturm mit fantastischem Blick über die Stadt, nicht einmal Eis kann sie locken. Sichtlich sind sie an nichts anderem interessiert, als den Kulturausflug schnellstmöglich zu beenden.

»Lasst uns doch mal was gemeinsam machen«, bettelt sie. »Wenigstens im Urlaub.«

Synchrones Augenverdrehen, sonst keine Reaktion.

Schließlich steht die Tochter auf und verkündet: »Wir suchen Papa.«

Die beiden Jungs rappeln sich ebenfalls hoch und schlappen, vereint in stillem Protest, ihrer Schwester hinterher.

Die Mutter sieht ihnen nach. Das Lächeln zerfällt. Sie schluckt mehrfach, dann reißt sie sich zusammen. Man hört förmlich, wie sie sich das befiehlt. Ihre Enttäuschung ist schwer zu ertragen.

Aus einer der Gassen kommend steuert ein herrenloser Hund zielstrebig auf das Café ohne Internet zu. Er hat noch nicht einmal den ersten Tisch erreicht, da stürzt die Kellnerin heraus und vertreibt ihn, indem sie unwillig in die Hände klatscht. Der Hund läuft mit gesenktem Kopf weiter Richtung Palazzo Pubblico.

Sobald man nach ihr Ausschau hält, entdeckt man überall Einsamkeit. Bei Fremden sticht sie einem sofort ins Auge. Aber eigentlich handelt es sich dabei doch nur um Vermutungen und Unterstellungen. Was weiß ich schon von der Einsamkeit anderer?

Vielleicht habe ich auf der Piazza del Campo auch nur meine eigene wahrgenommen. Dabei könnte ich nicht einmal mit Sicherheit beantworten, ob ich gerade einsam bin oder mich nur einsam fühle – wenn überhaupt. Einsamkeit überfällt einen ebenso schnell, wie sie verschwindet. Wie jetzt, da die Freunde, mit denen ich nach Siena aufgebrochen bin, mit vollen Einkaufstüten um die Ecke biegen.

Vor meiner Abreise in die Toskana schwirrte eine Nachricht durch Facebook: Einsamkeit sei ungesünder als fünfzehn Zigaretten täglich, hieß es da. Einigen leuchtete das sofort ein. Eh klar, wurde kommentiert, der Mensch sei eben ein Herdentier. Sobald er isoliert werde, verwelke er wie eine Blume ohne Wasser. Der Nächste aber fand, dass man das nicht vergleichen könne. Und überhaupt, was habe Einsamkeit mit Nikotin zu tun? Der Dritte likte die Meldung, weil sie irgendwie witzig klingt, und hat sie eine Minute später garantiert vergessen.

Aufgebracht hatte die Nachricht die Wissenssendung eines Privatsenders, so googelte ich. Einen Beleg für die These lieferte sie nicht. Darum geht es auch nicht. Sie irgendwo aufgeschnappt zu haben, reicht als Beweis ihrer Gültigkeit. Irgendeine Studie wird das schon belegen, davon gibt es schließlich genug. Aber warum ausgerechnet fünfzehn Zigaretten?

Die Wahrheit entgleitet einem beim Herumsurfen und weicht einer Haltlosigkeit, die nur überwindbar ist, wenn man sie durch frische Nachrichten ersetzt. Das funktioniert störungsfrei bei allen Themen, die jeden angehen und zu denen deswegen auch jeder eine Meinung hat. Die dazu passenden Erkenntnisse müssen nur ausreichend pointiert sein und trotzdem diffus bleiben. Schon Andeutungen setzen die Kommunikation in Gang, wenn es um Geschlechtsunterschiede, das Glück, die Liebe oder das Abnehmen geht. Warum sollte Einsamkeit hier eine Ausnahme bilden? Nichts Genaues weiß man eh nicht – und bei Bedarf kann man ja im Netz weitersuchen …

Dabei fordert Einsamkeit vor allem eines: Zeit. – Sowohl, um sich auszubreiten, als auch, um sich ihrer bewusst zu werden. Hat sie einen jedoch erwischt, wuchert sie im Unbewussten weiter. Und selbst wenn man sich ihr stellt, wird man sie so schnell nicht los.

Deswegen schreibt sich ein Buch darüber nicht herunter wie ein Liebesroman, auf dessen Ende sogar der Autor gespannt ist. Alle drei Absätze hänge ich irgendwo fest. (Erst recht, wenn Freunde einen zum Oktoberfestbesuch überreden wollen.) Ein Gedanke widersetzt sich dem vorherigen. Ich drehe mich im Kreis und verheddere mich nur noch mehr. Die Widersprüche lösen sich nicht auf, sondern führen zu neuen. Das ist mühsam. Doch gerade deshalb bin ich wohl auf dem richtigen Weg. Das Leben ist voller unauflösbarer Widersprüche. Warum sollte es gerade mit der Einsamkeit anders sein?

In längst vergangenen Tagen war Einsamkeit offensichtlicher und klarer abzugrenzen. Und aus heutiger Sicht romantischer. Heute ist sie kleinteilig und geht im Geplapper unter. Man muss sehr genau achtgeben, um sie überhaupt zu bemerken. Auch weil sie tabuisiert wird wie kein anderes Lebensgefühl. Aus diesem Grund fällt es den von ihr Betroffenen zunehmend schwer festzustellen, ob sie überhaupt einsam sind. Denn auch die Möglichkeiten, unter Menschen einsam zu sein, haben zugenommen. Problemlos kann man mehrere Tage in einer Stadt verbringen ohne eine einzige wirkliche Begegnung. Die Anzahl sozialer Kontakte ist kein Kriterium mehr. Einsamkeit beschreibt heute eher den Eindruck, nicht gehört zu werden. Keine Verbindung aufbauen zu können, zu anderen wie zu sich selbst. Die Einsamen gehen nicht in der Stille unter, sondern im Lärm, im Dauerrauschen.

Wenn bislang auf Einsamkeit geblickt wurde, dann meist von möglichst weit weg. Und von Beobachtern, die nie über ihre eigene sprechen. Im Gegenteil, Wissenschaftler meinen, sich mit persönlichen Erfahrungen zu disqualifizieren. Doch je distanzierter man sie betrachtet, desto verschwommener wird die Einsamkeit auch. Wer sie in ihren vielen Erscheinungsformen beschreiben möchte, muss auch bereit sein, etwas von sich preiszugeben.

Das Sozialverhalten der Wanderratte, das ein Soziologe zur Erklärung menschlicher Einsamkeit bemüht hat, bringe ich nicht mit meinen Erfahrungen zusammen. Das mag hochnäsig sein, doch der Gegenstand verleitet dazu. Wahrscheinlich sprechen wir einfach von verschiedenen Dingen. Wissenschaftler reflektieren über ein gesellschaftliches Phänomen, ich über ein Gefühl. Einsamkeit trifft den Einzelnen elementar. Wenn ich einsam bin, fühle ich mich eben nicht als Teil einer großen Gruppe anderer Einsamer und möchte denen auf keinen Fall zugerechnet werden. Im Gegenteil, die anderen stoßen mich ab. Ich bin eine vereinzelte Wanderratte. Einsamkeit beweist mir meine Einzigartigkeit: Es ist *meine* Einsamkeit. *Ich* muss mich mit ihr herumschlagen.

Sie taugt nicht als Forschungsgegenstand. In der Kunst hingegen wird sie in all ihren Facetten beschrieben, bebildert und besungen. In Abertausenden Romanen, Filmen und Songs. Deren Schöpfer haben keine Berührungsängste. Und doch ist sie hier meist nur Mittel zum Zweck, um die Gefühlslage einer Figur oder eine Atmosphäre zu beschreiben.

Ich höre lieber anderen zu, Passanten und Freunde sind

meine Studienobjekte. Ein marktgängiger Experte wird man so nicht, aber das macht nichts.

Denn Einsamkeit ist fester Bestandteil jeder Existenz. Und alles, was zum Leben gehört, verdient einen zweiten Blick. Ohne Wertung, und ohne voreilige Schlüsse zu ziehen.

Wer Einsamkeit als eine manchmal leichte, manchmal schwere Krankheit begreift, vergleichbar exzessivem Nikotinkonsums, muss im Netz weiterklicken.

Eine Provokation. Das Sprechen über Einsamkeit gleicht vermintem Gelände. Darüber schlendert keiner gemütlich, vielmehr versuchen alle, es schweigend schnellstmöglich zu verlassen. Das Eingeständnis der eigenen Einsamkeit bringt kaum jemand über die Lippen. Wenn man sie anderen mitteilt, dann mit gepresster Stimme. Wie ein Hilferuf, nicht wie die Feststellung einer Tatsache. Dabei wird jeder zum Schauspieler.

Auch der Zuschauer ist ratlos, was soll man darauf anderes antworten als irgendeine billige Beschwichtigung? Entweder schweigt man also oder versucht, dem anderen dessen Einsamkeit einfach abzuerkennen. Als ob das Problem damit gelöst wäre, zu sagen: »Das stimmt doch gar nicht, du bist gar nicht einsam.« Wobei die von sich besonders Überzeugten noch eine Variation von »Du hast doch mich« hinzufügen.

Völlig ausgeschlossen ist, seinem Gegenüber, vielleicht sogar ungefragt, Einsamkeit zu unterstellen. Eine Aussage wie »Du bist einsam« ist strengstens verboten, nicht einmal »Du wirkst auf mich einsam« ist gestattet. Zulässig ist höchstens, dies als Frage zu formulieren: »Bist du einsam?« – Wobei dann sofort Elvis Presley im Kopf zu wimmern beginnt: *Are you lonesome tonight?*

Merkwürdigerweise fällt jede Hemmung, sobald es um Abwesende geht. Schon der Verdacht reicht aus. Die alte Frau im Haus gegenüber, die jeden Tag stundenlang am Fenster sitzt, die muss einsam sein. Anders lässt sich das gar nicht erklären. Ferndiagnosen sind an der Tagesordnung. Und diese gehen umso leichter von den Lippen, desto weniger sie auf ihre Wahrheit überprüft werden können. Es fällt hundertmal leichter, jemand anderen als einsam zu bezeichnen als sich selbst.

Das Sprechen über Einsamkeit schafft Tatsachen. Ganz automatisch rückt es denjenigen, der mit ihr in Verbindung gebracht wird, ein Stück weiter weg. Allein schon, dass ich die alte Frau für einsam halte, macht sie mir noch fremder.

Dabei hätte das Bekenntnis zu ihr etwas ungemein Befreiendes. Wie ein Hilferuf, der Rettung erst ermöglicht.

Matthias arbeitet seit fünfundzwanzig Jahren mit unbegleiteten, minderjährigen Flüchtlingen. Schon lange hat er akzeptiert, dass er von den meisten nie die ganze Wahrheit über die Gründe und den Verlauf ihrer Flucht erfahren wird. Zunächst aus Angst davor, dass jede Abweichung der von Schleppern eingeimpften Geschichte ihnen schaden könnte. Das Schweigen hält jedoch an, wenn keine Abschiebung mehr droht, dann aus Scham, Matthias nie die Wahrheit gesagt zu haben. Diese erzählen die Jungs niemandem, nicht einmal untereinander. Schlaflosigkeit und Alpträume sind die Folgen.

»Dann ist bestimmt auch die eigene Einsamkeit ein Tabu«, vermute ich. Doch das Gegenteil ist der Fall.

»Dass sie einsam sind, bekennen alle ganz ohne Hemmungen. Es ist eines der wenigen Dinge, die sie überhaupt sagen können, um zu zeigen, wie es in ihnen ausschaut. Über das, was ihnen geschehen ist, können sie nicht sprechen – wohl aber über diese Einsamkeit. Sie ist wie ein Ventil, um etwas loszuwerden. Und das, ohne sich zu verraten. In diesem Sinn ist die Einsamkeit geradezu ein Geschenk.«

Auf Expedition. In der Sicherheit der eigenen vier Wände lässt sich zwar etwas über die eigene Einsamkeit herausfinden, aber wenig über die anderer. Deswegen habe ich mich immer wieder auf Reisen begeben, ob aus Flucht vor dem Thema oder auf der Suche nach ihren Erscheinungsformen – wer weiß das schon? Abenteuer ins unermessliche Reich der Einsamkeit.

Anfang März 2014 flog ich nach Barcelona, ohne Begleitung. Es waren harte Tage. Ganz bewusst wollte ich mich dem Alleinsein mit seinen Gefährdungen aussetzen. Deswegen traf ich niemanden, fuhr stattdessen den ganzen Tag planlos in der Stadt herum und erlebte alle Höhenflüge und Niedergeschlagenheiten, die mit der Einsamkeit verbunden sind. In meiner Not blieb nur das Notizbuch, an das ich mich klammerte wie ein Alkoholiker an seine Flasche.

Die zweite Reise ging nach Konstanz an den Bodensee. Sie verlief schon viel weniger einsam. Eine Schulfreundin lebt dort seit einem Jahr, freilich war sie die erste Zeit gar nicht da. In ihrer Wohnung, so der Plan, würde ich jeden Tag zwei Manuskriptseiten schreiben. Das hielt ich genau drei Tage durch. Dann kam die übliche, von Selbstzweifeln angefüllte Zeit des ziellosen Herumsurfens und Chattens. Digitale statt analoge Einsamkeit also. Bis die Unzufriedenheit mit mir selbst groß genug war und ich wirklich mit der Arbeit begann. In dieser Zeit wurde mir klar, wie viel Einsamkeit mit Langeweile zu tun hat.

Danach fuhr ich nach Hamburg, Stockholm und Berlin, aber nie mehr fühlte ich mich so verlassen wie zu Beginn, und das aus ganz unterschiedlichen Gründen ... Die letzte Reise führte schließlich, in einem verregneten September, in die Toskana, zusammen mit gut zwei Dutzend Bekannten. Als Einziger unfähig, die paar Meter bis zum Swimmingpool zu kommen, eine Woche beschränkt auf das Zimmer und die Terrasse davor. Das hätte mich in eine andere Einsamkeit als die des Alleinseins stoßen können, doch nun kam es anders ...

Ein Buch über die Entdeckung eines Lebensgefühls kann nicht fertig werden. Es muss jeden Tag um- und weitergeschrieben werden, genauso beim Lesen. Die Einsamkeiten verändern dauernd ihre Gestalt, nehmen zu und ab, ihre Konturen lösen sich auf und verdichten sich wieder.

Sie lässt sich nicht sauber abgrenzen. Mal ist sie akuter Gefühlszustand, mal eine andauernde Lebenssituation und manchmal von beidem etwas.

All das macht es schwierig, sie zu fassen. Aber überall, wo Schwierigkeiten sind, ergibt sich auch etwas Neues. Beim Rütteln an Türen gehen manche in Räume auf, die man sonst nie betreten hätte.

Und wozu all dies?

Irgendwann möchte ich sagen können, ohne dass es klingt wie auswendig gelernt: Einsam, na und?

Zwei. Schöne neue alte Welt
der Einsamkeit

Digitale Einsamkeit. Es war einmal, zu Beginn des Inter-
net-Zeitalters, da gab es diese quietschenden und röcheln-
den Modems. Man musste dafür sogar das Telefon aus-
stöpseln, um eine Verbindung zur Welt gegen eine andere
einzutauschen. Aber das Anschließen allein reichte nicht
aus, um drin zu sein im Weltnetz. Das erforderte zudem Geduld und an manchen Tagen auch Glück. Und selbst wenn
man verbunden war, konnte dieser dünne Faden jederzeit
reißen. Eigentlich war es normal, immer wieder rauszuflie-
gen. Einmal das Kabel berührt, und schon war man offline.
Oder das Modem hatte einen schlechten Tag. Oder der Mit-
bewohner wollte unbedingt telefonieren… Die Minuten des
Verbundenseins waren kostbar.

Heute suggerieren Technik und Internetanbieter, dass
man rund um die Uhr online sein kann und sich über das
Wie keine Gedanken mehr zu machen braucht. Doch deswegen ist man noch nicht zwangsläufig mit irgendwem oder
irgendwas verbunden. Oder anders gesagt, eine Flatrate in
alle Netze ist kein Garant gegen Einsamkeit. Sie ist inzwischen mehr eine Schwierigkeit in der Bedienung der Soft-
ware als der Hardware. Das kann sich allerdings von einer

Sekunde auf die andere ändern: Wenn eines der Geräte kaputt ist, sind die alten Zeiten sofort wieder da.

Dennoch hält sich hartnäckig die etwas altmodisch verstaubte Vorstellung, Einsamkeit wäre ein etwas prekäreres Alleinsein. Wie ein Bild von Caspar David Friedrich, nur schlimmer und ohne Sonnenuntergang. Aber das entspricht schon lange nicht mehr der Realität im Online-Zeitalter. Alle sind ununterbrochen erreichbar, angeschlossen an soziale Netze und so weiter. Und dennoch ist das Thema Einsamkeit so virulent wie nie zuvor. Paradoxerweise wurde es mit dem kollektiven Anschluss sogar ein Problem für alle und nicht mehr nur für die, die notgedrungen oder selbstgewählt einsam waren. Die Menschen sind vor der Einsamkeit davongelaufen, indem sie sich vernetzten, und glaubten, damit würde sie verschwinden. Doch nun hat uns die digitale Einsamkeit eingeholt. Was also tun?

Wenn einem nichts mehr einfällt, surft man durch die sozialen Netzwerke. Kann man aus Facebookprofilen die Einsamkeit ihrer Eigentümer herauslesen? Das gestaltet sich gar nicht so einfach. Jemand hat beispielsweise nur vierzehn »Freunde«. Das kann zum einen bedeuten, dass er wirklich nur vierzehn Bekannte hat, also analog gerade so an der Einsamkeit vorbeischrabbt. Wahrscheinlicher aber ist, dass er oder sie »nur zum Kucken« da ist. Oder dass der Profilinhaber nichts von sich preisgeben möchte, vor allem nicht der Datenkrake oder dem Überwachungsregime. Und mir erst recht nicht.

Bei Usern wie mir, mit mehr als fünfhundert »Freunden«, liegt der Verdacht schon viel näher, dass sie digital einsam sind. Denn diese Unmenge an Beziehungen kann man nicht ernsthaft pflegen. Warum tut man das also, wenn man nicht gerade etwas unter die Leute bringen möchte, Bücher beispielsweise? Kompensiert der Profilbesitzer seine Einsamkeit mit der Anzahl an Freunden? Ist das nur Ausdruck eines narzisstisch überbordenden Mitteilungsdranges oder ganz ordinärer Exhibitionismus? Alles scheint möglich. Aus Facebookprofilen irgendetwas ablesen zu wollen, ist Kaffeesatzleserei. Es wird immer nur das herauskommen, was einem passt.

Man erahnt aber, dass die sehr aktiven Facebooker besonders viel Aufmerksamkeit brauchen. Diese ist die digitale Währung der Einsamkeit. Wer seiner Empfindung nach nicht genug gelikt wird, ist anfälliger für sie. Objektive Kriterien für die digitale Einsamkeit gibt es nicht. Das Problem ist nicht mehr, mit genug Menschen verbunden zu sein, sondern von diesen auch angemessen wahrgenommen zu werden.

Die digitale Einsamkeit verfügt über eine leicht zu unterschätzende Macht. Alle bestärkenden Begegnungen eines Tages, die Plauderei im Café, die freundliche Verkäuferin im Supermarkt, die beruflichen Telefonate, alles verblasst anlässlich der lapidaren Ansage des E-Mail-Programms (vor ein paar Jahren noch der des Anrufbeantworters): keine neuen Nachrichten.

Wo mag das noch hinführen mit der Digitalisierung der Einsamkeit, außer dazu, dass alles noch diffuser wird, undurchschaubar, flirrender? Auf jeden Fall zu mehr Kommunikation um der Kommunikation willen – ein weiteres Symptom für gesteigerte Einsamkeit. Die Hardware gibt die Marschrichtung zu noch umfassenderer Vernetzung vor. Spätestens, wenn jeder Mensch (Einschränkung: jeder reiche Mensch in den Industriestaaten) einen Chip eingepflanzt bekommen hat, der ihn rund um die Uhr und die Welt online sein lässt, wenn also das Internet endgültig eine gleichwertige zweite Wirklichkeit geworden ist, wird Einsamkeit im Einzelnen verschwunden sein. Dann ist nicht mehr die Verbindungsqualität zur Welt entscheidend, sondern nur noch die zu sich selbst. Das ist die neue Sollbruchstelle. Genau hier wird sich die Einsamkeit festkrallen. Die epidemisch auftretenden Sinnkrisen werden von außen noch schwerer behandelbar sein. Und letztlich heißt das, dass man noch mehr Geld mit dem Versprechen wird machen können, den Einzelnen wieder in Kontakt mit dem Eigentlichen zu bringen – was auch immer das dann ist... Die Einsamkeit wird ein noch größeres Geschäftsfeld als heute. Was sich mit Partnerbörsen, Foren zu jedem, aber auch wirklich jedem Thema andeutet, wird zu einer Kakophonie anwachsen. Mit Dauergebrabbel versucht man das Schweigen mit sich zu füllen.

Keine Ahnung, ob das alles wirklich so eintreten wird. Letztlich dienen alle Spekulationen doch nur dazu, die Gegenwart besser zu verstehen, indem man bereits sichtbare Entwicklungen hochrechnet.

Die Reaktion bei allen dazu Befragten ist einhellig: Obwohl niemand gerne einsam ist, lehnen alle ein dauerndes Vernetztsein vehement ab. Ich habe keinen getroffen, ob alt oder jung, der sich mit vollem Herzen auf die Datenbrille freut. Und noch ein Widerspruch: Jeder lehnt sie für sich ab, obwohl alle gleichermaßen überzeugt sind, dass sie nicht nur kommen, sondern sich auch durchsetzen wird. »Aber ich mach da nicht mit.« Das wird deshalb so lautstark kundgetan, um zu übertönen, dass sich Verweigerung nicht durchhalten lassen wird. Die heute über Vierzigjährigen haben nur zu gut in Erinnerung, wie sie sich vor nicht allzu langer Zeit gegen das erste Handy und nur wenige Jahre später gegen das erste Smartphone gesperrt haben, um wenig später ganz selbstverständlich eines aus der Tasche zu ziehen...

Ein wesentlicher Anteil der Skepsis gegenüber neuen Technologien ist der Furcht vor der Einsamkeit geschuldet. Nämlich der Sorge, abgehängt zu werden, nicht mehr mitzukommen. Das Versprechen nach mehr Vernetzung wird als Bedrohung wahrgenommen. Was ist, wenn ich diese neuen Geräte nicht mehr bedienen kann? Und das, obwohl deren Bedienung angeblich immer einfacher wird. Die Anzahl der Knöpfe hat sich zwar drastisch reduziert, dennoch wäre vielen lieber, es würde nicht jedes halbe Jahr eine neue Smartphone-Generation zur Welt kommen.

Die Geschwindigkeit, mit der sich die Dinge entwickeln, erzeugt gerade bei manchen älteren Menschen eine Trotzhaltung. Sie fragen: Warum soll ich mich damit noch auseinandersetzen, mit einem neuen Computer, mit einem neuen Handy? Selbst die neue Kaffeemaschine bietet fünf Zubereitungsmöglichkeiten, wo man doch eigentlich nur eine Tasse Kaffee trinken möchte. Lieber bin ich nicht erreichbar. Lieber verstehe ich die Welt der Jungen nicht mehr. Lieber bleibe ich alleine. Dann lieber Tee statt Kaffee.

Der Kult um Kommunikationsgeräte speist sich aus dem schmerzhaft verdrängten Wissen, dass ein Handy nicht weniger einsam macht. Man konsumiert nur dagegen an. Dabei besteht der Verdacht, dass ein Großteil der Weltwirtschaft ohne diese Angst zusammenbrechen würde.

Das digitale Leben ist auf die Vermeidung von Störungen ausgerichtet. Denn jede einzelne zwingt einen, sich mit der unmittelbaren Gegenwart und damit auch den Menschen in dieser Gegenwart auseinanderzusetzen. Und sei es nur mit der Frauenstimme im Callcenter der Störungsstelle.

Lernt man heute jemand im Zug kennen, ist das eher die Ausnahme als die Regel. Und geschieht meist dann, wenn der auf offener Strecke stehen bleibt. Erst dann stöpselt man sich aus. Hilfsmittel, die eigene Anwesenheit auf ein Mindestmaß zu beschränken, gibt es ja genug. Wir sind alle nicht mehr gewöhnt, zu 100% irgendwo zu sein. Die digitale Aufmerksamkeit verteilt sich auf verschiedene Welten. Was einen auch vor Einsamkeit schützt, falls mal eine ausfällt. Blöd ist nur, wenn alle digitalen gleichzeitig schlappmachen. Dann fällt der Verbindungsaufbau ins Hier und Jetzt schwer.

Angeblich macht die nachwachsende Generation kaum mehr einen Unterschied zwischen analogen und digitalen Begegnungen. Treffen werden zunehmend überflüssig, solange man in jeder Lebenslage miteinander verbunden ist. Ich habe dafür vollstes Verständnis. Der Griff zum Handy ist weniger umständlich und zeitraubend, als den Bus zu erwischen. Der nach elf eh nicht mehr fährt ... Da reicht es völlig, per WhatsApp miteinander verbunden zu sein.

Auch ich habe mit meiner Schulfreundin lieber stundenlang telefoniert, statt sie zu treffen. Doch meine Übergangsgeneration weiß nicht recht, ob sie noch analog oder schon digital einsam ist oder beides zusammen.

Die Alten sagen zu den Jungen: Könnt ihr nicht mal, während ihr im Bad seid, allein sein? Müsst ihr das Handy selbst unter die Dusche mitnehmen? Und die Jungen antworten: Habt ihr es immer noch nicht begriffen, wir sind immer ein bisschen allein, auch mit Flatrate. Außerdem duscht ihr auch manchmal zusammen.

Die Einsamkeit verschwindet ins Ich und wird damit weniger sichtbar. Das bedeutet aber auch, dass sie schwieriger von außen beherrschbar wird. Für den Einsamen wird es zunehmend unmöglich, sie überhaupt als Quelle des eigenen Unglücks festzumachen. Sie wird mehr und mehr zu einem Problem des Menschen mit sich selbst, nicht des Menschen mit anderen. Und es führt dazu, dass wir Älteren die Einsamkeit der Jungen nicht verstehen und diese unsere fast schon biedermeierlich finden. Dereinst werden sie sagen: Ihr konntet wenigstens etwas tun dagegen. Ihr konntet rausgehen und Freunde treffen und hoffen, dass die euch von eurer Einsamkeit befreien. Aber uns nimmt sie niemand ab, auch nicht unsere Freunde, die ja immer da sind, sie sind wie Satelliten auf einer anderen Umlaufbahn. Immer sichtbar und gleichzeitig immer weg. Und wir wissen nicht einmal, um welchen Planeten wir kreisen.

Die digitale Einsamkeit ist nicht messbar mit der Anzahl sozialer Kontakte wie die in früheren Tagen. Im Gegenteil, besonders gefährdet sind Menschen mit extrem vielen sozialen Kontakten. Gerade weil über Einsamkeit nicht gesprochen wird. Es gibt keinen wirksamen Schutz vor ihr: weder Geld noch eine Beziehung, weder Kinder noch ein Job. Selbst Ablenkung funktioniert nur bis zu einem gewissen Grad.

Jede Generation hat aber ihre eigene Einsamkeit. Nicht einmal über dieses elementare Lebensgefühl existiert ein Konsens. Sosehr ich das persönlich auch bedaure: Die Kinder von heute werden ihre eigenen Bücher über Einsamkeit schreiben und lesen müssen. – Falls diese dann noch das geeignete Medium sind.

Analoge Einsamkeit. Natürlich existieren neben den digitalen Verwerfungen die alten Einsamkeiten weiter: die alten Witwen hinter den Gardinen ihrer Fenster, die vernachlässigten Kinder, die Alkoholiker am Tresen. Ihnen ist noch nie leichtgefallen, neue Bindungen aufzubauen. Mit der Unverbindlichkeit von Facebook können sie nichts anfangen. Deswegen macht es ihnen nichts, auf dem Land zu wohnen oder in einer anonymen Mietskaserne am Rand der Stadt. Sie gehen selten aus, bleiben am Rand. Oftmals haben sie es sich in ihrer Einsamkeit gemütlich eingerichtet.

Lange Zeit wären sie nicht darauf gekommen, sich einsam zu fühlen. Der Übergang war fließend. Vielleicht sind sie es, seit ihnen der Partner abhanden gekommen ist. Durch eine Scheidung oder eine Krankheit. Die Phase des Übergangs, während der Trennung, während der Zeit der Pflege, war die intensivste der Beziehung, auch wenn sie schmerzhaft war. Seitdem ist alles grau. Sie haben fast alles auf diese Partnerschaft gesetzt. Die wenigen Freunde sind weggezogen oder haben keine Zeit. Und wenn man sich trifft, hat man bald nichts mehr zu reden.

Die analog Einsamen verreisen kaum, einerseits, weil sie es sich nicht leisten können (ja, Einsamkeit hat auch mit Geld zu tun!), andererseits weil sie nicht wissen, wohin. Sie haben Angst, dass die Einsamkeit in der Fremde schon auf sie wartet. Also bleiben sie lieber zu Hause. Das Unbekannte ist für sie keine Verlockung, sondern eine zusätzliche Bedrohung. Deswegen fallen ihnen viele Gründe ein, warum sie nicht wegfahren können. Die Welt ist ihnen suspekt geworden. Sie haben viel gehört über Betrug und Kriminalität. Das Fernsehen bestärkt sie, dass man niemandem trauen sollte. Sie merken nicht, dass ihnen das auch deswegen gesagt wird, damit sie das nächste Mal wieder einschalten.

Einsame vom alten Schlag hatten immer schon Schwierigkeiten, sich mitzuteilen. Sie leiden darunter, dass sie niemand zum Reden haben, und wissen nicht, wie sie das ändern sollten. Finden sie jemanden, klammern sie sich an diesen Menschen wie Ertrinkende. Und werden sie irgendwann abgeschüttelt, fühlen sie sich in ihrer Skepsis bestätigt.

Die analoge Einsamkeit kommt in den Medien kaum noch vor, weil sie nicht so telegen ist wie die digitale. Sie erinnert an einen leicht muffigen Heimatfilm. Oft ist sie einfach nur öde und wenig abwechslungsreich. Die digitale entspricht mehr dem Zeitgeist, sie ist glossentauglich für Frauen- wie für Männermagazine. Irgendwie cooler auf der Oberfläche, digital eben. Aber sie fühlt sich für den von ihr Betroffenen ähnlich an, mehr noch: Sie verschwimmen ineinander.

Einsam bleibt einsam. Analoge und digitale Einsamkeit sollte man nicht gegeneinander ausspielen, die eine nicht mit der anderen kleinreden. Nur an der Oberfläche sehen sie anders aus. Beide sind verschiedene Ausprägungen des gleichen Gefühlszustandes, nur anders zusammengesetzt.

Genauso gut könnte man sie die innere und die äußere Einsamkeit nennen. Die digitale ist die innere Einsamkeit. Man klopft bei sich an, und niemand macht einem auf. Bei der äußeren, der analogen Einsamkeit, klopft man bei anderen, doch niemand macht auf.

Der Blick von der digitalen auf die analoge und umgekehrt ist von gegenseitiger Herablassung geprägt. Die Analogen sagen: Was wollt ihr denn, ihr habt doch alles, seid ununterbrochen vernetzt, habt Freunde in der ganzen Welt. Einen Partner, Kinder – und jetzt wollt ihr auch noch einsam sein! Und die Digitalen sagen: Diese analoge Form der Einsamkeit ist mir zu selbstmitleidig. Sollen sie sich halt ein Handy mit Flatrate holen. Meine Freunde sind auch nicht vom Himmel gefallen. Da steckt einiges an Zeit, Energie und Aufmerksamkeit drin. Und trotzdem bin ich einsam, aber auf eine sozial verträgliche Weise.

Hinter dem gegenseitigen Misstrauen stecken oft auch soziale Unterschiede: Für die einen hat Einsamkeit durchaus etwas mit Geld zu tun, die anderen sehen keinen Zusammenhang, weil sie sich alle Jahre wieder ein neues iPhone leisten können.

Einsamkeit verbirgt sich, ganz im Gegensatz zum Alleinsein, das man sofort wahrnimmt. Die innere Einsamkeit findet dort statt, wo Menschen unter Menschen sind. Die äußere Einsamkeit kommt aus dem Alleinsein, weil man sich zurückgezogen hat oder keinen Zugang zu anderen findet. Oder weil äußere Umstände einen abschneiden. Sei es in einem Krankenzimmer oder auf einem verlassenen Dorf.

Alle tausend Gesichter der Einsamkeit, digitale als auch analoge, äußere und innere, treten in unterschiedlichen zeitlichen Ausdehnungen auf. Es gibt eine vorübergehende. Sie hält eine begrenzte, überschaubare Zeitspanne an, manchmal nur einen grausam langen Moment. Oft überfällt sie auf Feiern die Gastgeber oder mitgebrachte Gäste. Auf einmal sieht man die anderen reden, essen, trinken, posten, chatten und denkt sich: Was mache ich hier? Ich gehöre hier nicht her. Ich kenne niemanden, niemand will mich kennenlernen, und ich will niemanden kennenlernen. Manchmal gelingt es einem dennoch, in ein Gespräch abzutauchen. Doch an anderen Tagen ist nichts mehr zu retten. Selbstverständlich kann man sich noch eine halbe Stunde abquälen, um aus Höflichkeit mit dem schrulligen Onkel der Braut ein paar Takte zu sprechen oder zum zweitausendsten Mal Berlin und München miteinander zu vergleichen, aber innerlich hat man sich schon verabschiedet.

Die dauerhafte Einsamkeit ist ein Gefühl, das unter der Oberfläche präsent ist und immer wieder aufblitzt. Sie kann Monate, ja Jahre, oder nach dem Tod des Partners, ein ganzes restliches Leben bestehen.

Einsame Menschen sind einsam, so banal ist das, egal, ob sie mit oder ohne Internet-Anschluss leben. Den alten Einsamen gibt das Internet die Möglichkeit, sich in Foren oder Kommentaren wenigstens artikulieren zu können. Jemandem ihre Einsamkeit zu gestehen, sich zu ihr zu bekennen. Die globale Vernetzung hat auch die Einsamkeit ein Stück weit kommunizierbarer gemacht. Aber man muss in dem ständigen Gebrabbel schon sehr genau hinhören, um sie nicht als leeres Geschwätz abzutun.

Drei. Welten der Einsamkeit

Das Zeitalter der Einsamkeit haben aufgeregte Soziologen ausgerufen. Und das nun schon seit über hundert Jahren. Eigentlich, seit es Großstädte gibt. Die Metropole mit ihrer Anonymität! Die um sich greifende Oberflächlichkeit; der schwindende Zusammenhalt; der Verfall der Familie; die Entfremdung des Menschen von allem: von der Natur, von der Arbeit, von sich. Und nun auch noch das Internet mit all seinen Unverbindlichkeiten! ... All dies muss zwangsläufig zu mehr Einsamkeit führen. Diese Behauptung lässt sich weder bestätigen noch widerlegen, entspricht aber einem diffusen Unbehagen an unserer Gegenwart.

Dabei wäre die Zunahme der Einsamkeit allein nicht das eigentliche Problem, wenn nicht noch etwas anderes dazugekommen wäre. »Nicht die Einsamkeit ist die Malaise unserer Zeit, sondern die mangelnde Einsamkeitsfähigkeit«, so der Philosoph Odo Marquard. Das zeige sich vor allem darin, dass die Angst vor der Einsamkeit das Fühlen und Handeln vieler Menschen bestimme.

Aber wünschen wir uns deshalb in längst vergangene Zeiten zurück? Als man sich noch kiloweise Briefe schickte statt Kurznachrichten voller Emoticons. Die Einsamkeitsfähigkeit war damals notgedrungen größer, aber eben auch der

Leidensdruck, dieses Lebensgefühl beim Namen zu nennen. Wahrscheinlich würde man aus dieser Vergangenheit sehnsüchtig in die Zukunft unserer Gegenwart blicken und sich die wohltemperierte Einsamkeit mit Handyvertrag wünschen.

Selbst wenn die Behauptung von deren Allgegenwärtigkeit stimmt, zeugt gerade die digitale Einsamkeit von einer Errungenschaft der Zivilisation. Sie ist, bei allem Übel, ein Wohlstandsproblem. Als wäre sie der Preis, den wir für den Wohlstand zahlen müssen. Sie findet nur statt, wenn man satt ist und nicht friert oder Angst haben muss, an der nächsten Ecke erdolcht zu werden. Die Einsamkeit der Gegenwart birgt zweifelsohne Gefahren, dennoch bin ich dankbar, mit ihr zu leben.

Wahrscheinlich gibt es auf der Welt absolut nicht mehr davon als früher, sie verteilt sich jedoch in kleineren Portionen auf mehr Personen. Wahrscheinlich hat mit dem Wohlstand auch die Einsamkeit in der Breite zugenommen und wurde an den Rändern etwas weniger. Was sich also verändert hat, ist die Zusammensetzung der Einsamkeit. Sie enthält mehr Unsicherheit, mehr Ratlosigkeit, mehr Sinnkrise, sie beinhaltet genauso Schwierigkeiten im Kontakt mit sich selbst wie mit anderen. Sie führt seltener zu Verzweiflungstaten als zu einer unterschwelligen Angst.

Parallel mit dem Wehklagen über die Einsamkeit als Grundübel unserer Gegenwart geht die Glorifizierung des Alleinseins einher: Gönnen Sie sich eine Auszeit, besinnen Sie sich auf sich selbst. Halten Sie inne. Entdecken Sie die inneren Schätze. – Solche Ratschläge richten sich allerdings nur an die, für die wirklich freie, nicht verplante Zeit ein Mangel ist. Für Arbeits- oder Obdachlose mögen sie wie Hohn klingen. Nur die Zeitarmen sind bereit, für das behütete Alleinsein das Geld auszugeben, das sie unter dem Diktat verdient haben, keine Zeit für Müßiggang zu haben. Für Retreats, für Schweigeseminare, für Begegnungen. Alles angeleitet natürlich, damit man nicht ins Bodenlose fällt. Eine kontrollierte Einsamkeit mit Sicherungsnetz. Man spielt Einsamsein, um sich vor der echten sicher zu fühlen.

Dabei heißt Alleinsein nichts weiter, als nur mit sich zu sein. Es beschreibt die Anzahl der Menschen um einen herum, sagt aber noch nichts darüber aus, wie einsam man dann ist. Das Alleinsein kann zu Einsamkeit führen, muss es aber nicht zwangsläufig. Dennoch wird »allein« manchmal verwendet, um zum Ausdruck zu bringen, dass jemand ein bisschen einsam ist. Das Alleinsein kann man aktiv herbeiführen oder auch beenden, die Einsamkeit nicht so einfach. (Außer man ist auf einer einsamen Insel gestrandet, was aber selten vorkommt.)

Jeder kennt die Wonnen des Alleinseins, ob bei einem Spaziergang oder bei einer nächtlichen Autofahrt. Wohl deshalb reagieren alle, die ich bisher auf Einsamkeit angesprochen habe, indem sie mir erklären, dass es ihnen guttue, auch einmal einen Abend für sich zu haben … Alleinsein ist ein Synonym geworden für den Wunsch nach Entspannung, nach Innehalten, nach Luftholen.

Beim Thema Einsamkeit geht vieles kunterbunt durcheinander: Verklärung des Alleinseins, ein Unbehagen an der Gegenwart und ihren überbordenden Kommunikationsmöglichkeiten sowie einer diffusen Angst vor ihr. Und über all dies quatschen so viele mit, dass man nicht mehr feststellen kann, ob man nun einsam ist oder nicht oder einfach nur unzufrieden mit dem eigenen Leben. Im Zeitalter der umgreifenden Einsamkeit hat das dauernde Gebrabbel zuge-

nommen. Schweigen und Stille gehören nicht mehr zwangsläufig zu ihr.

Dabei gab und gibt es zur Einsamkeit zwei gegensätz-
liche Grundhaltungen. Man kann zum einen fest davon
überzeugt sein, dass alles miteinander verbunden ist. Jedes
herumkreuchende Geschöpf, selbst die Sterne, alles hängt
mit allem anderen zusammen. Einsamkeit ist dann nichts
weiter als das vorübergehende Gefühl, nicht verbunden
zu sein. Eine Art Verstopfung im kosmischen Strom. Die
Herausforderung für den Einsamen ist, diese zu beseitigen.

Oder aber man ist felsenfest davon überzeugt, dass alle
Menschen allein sind. Einsamkeit ist der existenzielle Urzu-
stand, von der Geburt bis zum Tod. Jeden schweren Gang
macht der Mensch allein und täuscht sich nur kurzfristig
darüber hinweg, indem er sich eine Verbindung mit anderen
einredet. Dichter haben immer wieder versucht, dieses Gefühl zu benennen, wie Hermann Hesse beispielsweise: »Leben ist Einsamsein. / Kein Mensch kennt den andern, / Jeder
ist allein.« Oder Steven P. Morrissey in einem Song aus dem
Jahr 2014: »Earth is the loneliest planet«. Die Grenze zum
Du ist eigentlich unüberwindbar. Anhänger dieser Haltung
rüsten sich schon im Vorhinein mit Pessimismus. Jede Enttäuschung, jede Verzweiflung bestätigt sie.

Natürlich kommt man auch durchs Leben, ohne sich eindeutig einer der beiden Haltungen zuzurechnen. Wahrscheinlich bildet die Gruppe der Unentschiedenen sogar die
schweigende Mehrheit. Zu ihr zähle ich mich auch. Wenn
es sich nicht umgehen lässt, Stellung zu beziehen, tendieren wir, je nach Stimmung, mal zum einen und mal zum
anderen. Voller Inbrunst meinen wir am einen Tag, so verloren zu sein wie der kleine Prinz auf seinem winzigen Planeten, und keine vierundzwanzig Stunden später erkennen

wir, dass alle Sterne des Universums wie ein Mobile miteinander verbunden sind.

Meine eigene. Seit Jahren versucht eine befreundete
Physikerin vergeblich, mir die Quantentheorie zu erklären.
Notorisch verstehe ich nur das, was mir gerade in den Kram
passt. Diesmal glaube ich, dass sie eigentlich von Einsamkeit
spricht. Diese sei auch so ein Quantenzustand, behaupte ich,
wie der des Lichts. Sie kann vorhanden sein und gleichzeitig
nicht. Man kann sich einsam fühlen, ohne es zu sein – und
man kann sich nicht einsam fühlen, obwohl man es gerade
ist. Der Standpunkt der Betrachtung ist entscheidend.

Einsamkeit lässt sich nicht nachweisen. Es gibt nicht einmal eindeutige Symptome. Jemand kann augenscheinlich
fröhlich sein und dennoch völlig vereinsamt. Sie kann auf
allen Ebenen einer Existenz verankert sein: ganz oben als
flüchtiger Gemütszustand und ganz tief als unerschütter-
licher Glaube an die eigene Verlorenheit. Und gerade die
kann sich an der Oberfläche in Munterkeit verwandeln.
Man sieht sie nicht, man spürt sie manchmal nur sehr un-
deutlich, aber das heißt nicht, dass sie nicht da wäre. Wahrscheinlich wissen die meisten Menschen nicht einmal, wie
einsam sie sind, bevor sie nicht genau hingeschaut haben.
Angewandte Quantentheorie für Physikbanausen.

Was heißt das nun für mich? Wie einsam bin ich?

Ungefähr mit vierzehn Jahren habe ich begonnen, auf
einer alten Reiseschreibmaschine Gedichte zu schreiben.
In Erinnerung geblieben ist mir ein Text aus dieser Zeit mit
dem Titel »Alleinsein unter Freunden«. Ich weiß noch, wie

er im Halbschatten eines Sommernachmittags entstanden ist. Natürlich zeigte ich ihn niemandem. Die Freunde hätten ihn nicht verstanden, und sonst ging das niemand etwas an.

Seitdem bin ich Teilzeit-Einsamer. Wenn ich schreibe, wenn ich verreise, immer suche und verteidige ich mein Alleinsein. Und manchmal stürzt es mich in eine schwermütige Einsamkeit. Die hat immer etwas Theatralisches: *Fremd bin ich eingezogen, fremd zieh ich wieder aus.* Franz Schubert ist der Schutzheilige aller Einsamen. Und die »Winterreise« ihre Hymne in 24 Liedern.

Meine Einsamkeit speist sich, seit ich denken kann, aus einem Gefühl der Andersartigkeit, verbunden mit einer Sehnsucht nach Normalität: kein Single, kein Künstler, kein Schwuler, kein Rollstuhlfahrer zu sein, sondern ein normaler Fußgänger mit einem anständigen Beruf. Jurist oder irgendwas in einem Büro. Inklusive Familienanschluss: Frau, Kinder, Hund, Haus, das ganze Programm – aber das scheint noch unmöglicher, als den Rollstuhl loszuwerden... Das Anderssein gehört zu meiner Existenz. Immerhin habe ich das dauernde Widersprechen, die kruden Meinungen weitgehend abgelegt. Auch sind die Tage vorbei, da ich mit Krawatte in die Schule ging, nur um zu zeigen, dass ich selbst anders als die anderen Querulanten bin. Dennoch, schwul und behindert ist eine nicht ganz unanstrengende Kombination, weil man sich in beiden Minderheiten in der Minderheit fühlt und damit für Einsamkeit besonders anfällig ist.

Meine Einsamkeit besteht aus vielen verschiedenen. Sie passen meist nicht einmal zusammen. Diese Mischung verändert sich ständig, auch ihre Größe. Manchmal dehnt sie sich aus, bis sie mir die Luft zum Atmen nimmt. Wenig später schrumpft sie bis zur Unkenntlichkeit. Jeder Naturwissenschaftler würde daran verzweifeln, weil sich auch meine

Haltung zu ihr dauernd verändert. Mal leide ich an ihr, mal trage ich sie stolz vor mir her. Auf nichts kann man sich verlassen, nicht einmal auf die eigene Einsamkeit.

An manchen Tagen spüre ich bei anderen Menschen nur deren Einsamkeit. Dabei ist es meine eigene, die wie eine Welle zu mir zurückschwappt: der Typ im Café, der pausenlos telefoniert. Erst auf Spanisch, dann auf Deutsch. Kaum legt er auf, blättert er schon im Adressverzeichnis, um den Nächsten anzurufen. Er spricht zehn Minuten pausenlos, bevor er sich flüchtig verabschiedet. Wenn der nicht einsam ist, bin ich es auch nicht. Oder der Junge, der mich mit großen Augen ansieht, im Kinderwagen geparkt vor der Bäckerei. Abgeschnitten von seiner Mutter, die sich drinnen mit einer anderen unterhält, die Tüte mit der Breze nachlässig in der Hand. Oder die Blumenverkäuferin, allein in ihrem Laden kurz vor Geschäftsschluss mit den unverkauften Rosen.

Jeden Tag erlebe ich die Einsamkeit neu, und mehr als mir lieb ist. Die Sorge, einsam zu werden, nimmt dabei den meisten Raum ein, als wäre sie ein weiteres Stigma. Als Gegenmittel habe ich mir verordnet, täglich wenigstens einen Menschen zu treffen. An manchen Wintertagen klappt nicht mal das. Alle haben so schrecklich viel zu tun, oder es ist wieder Ferienzeit. Irgendwas ist immer. Meine Mailbox quillt auch nicht über, wenn ich eine halbe Stunde nicht da bin. Ich freue mich über jede SMS, über jedes Lebenszeichen wie ein Hund über einen hingehaltenen Knochen.

Meldet sich ein Freund nicht auf eine Mail, verfalle ich in Panik. Wieder eine oder einer weniger. Ich sage mir, dass es schließlich nicht auf die Anzahl, sondern auf die Qualität der Freundschaften ankommt. Aber trotzdem: Es wäre doch befreiend, an diesem Tag mit einem anderen echten Menschen zu sprechen, nicht nur mit meinem Laptop. Dabei bin ich doch im Großen und Ganzen recht zufrieden mit meinem Leben. Irgendwie passt das nicht zusammen.

Gestern traf ich einen vielbeschäftigten Geschäftsmann. Er zählte ausführlich alle seine Verpflichtungen auf. »Und dann noch zwei kleine Kinder und eine unzufriedene Frau«, stöhnte er. »Manchmal habe ich den Wunsch, allein zu sein.« Er relativierte es zwar schnell, weil man das nicht so sagen darf, aber es tat ihm merklich gut, diesen ketzerischen Gedanken wenigstens einmal ausgesprochen zu haben.

Ich nickte verständnisvoll und kam mir dabei vor wie zu Beginn des Handyzeitalters eine Italienerin im eleganten Pelzjäckchen, die beim abendlichen Corso mit einem Telefon aus Plastik herumgestikulierte.

Meine Einsamkeit ist keine in Reinform. Sie ist manchmal digital, als Single, wenn ich wieder eine Abfuhr bekommen habe oder sich im Chat ein Typ ohne Vorankündigung nicht mehr meldet. Und sie ist sehr analog, wenn ich mit dem Rollstuhl an einer überfüllten Kneipe vorbeifahre. Alle stehen mit Bierflaschen in der Hand herum. Da gehöre ich nicht hin. Und wenn ich doch einmal halte, teilt sich die Menge vor mir wie bei Moses das Meer.

Toskana oder Provence? Einsamsein kann man allein oder unter Menschen. Die Einsamkeit unter Menschen sieht auf den ersten Blick erträglicher aus, kann aber hartnäckiger sein. Bei der mit Alleinsein verbundenen kommt der Zwang hinzu, sich zu beweisen, dass man nicht einsam ist. Beide Erscheinungsformen haben allerdings auch ihre Vorzüge: Unter Menschen ist die Wahrscheinlichkeit, von der

Einsamkeit abgelenkt zu werden, relativ hoch. Das Alleinsein hingegen bietet mehr Potenzial, sich in Glück zu verwandeln. Einzelgänger flüchten bei Einsamkeit ins Alleinsein, Gesellschaftsmenschen stürzen sich unter Menschen.

Um herauszufinden, wozu meine Freunde tendieren, entwerfe ich zwei Szenarien mit vergleichbaren Einsamkeiten. Bei beiden stehen Frauen um die fünfzig im Zentrum.

Szenario eins. In einer großen Wohnküche in einer Kleinstadt der Toskana. Zwei kleine Kinder wuseln herum. Durch das geöffnete Fenster dringt von der Straße die Angeberei des halbwüchsigen Sohns herauf, der gerade ein Mädchen mit seinen Vespa-Reparaturkünsten beeindrucken möchte. Im winzig kleinen Wohnzimmer schnarcht lauthals der Mann auf dem Sofa. Am Herd steht eine dicke Mama und rührt in dem Spaghettitopf. Sie trägt Schwarz, eigentlich schon seit sie geheiratet hat. Seit dem Tod ihrer Mutter vor einem Monat fühlt sie sich zutiefst einsam.

Szenario zwei. Ein Privatstrand in St. Tropez. Nur eine Liege ist besetzt mit einer Frau, in bunte Seidentücher gehüllt. Ein Zeh kreist im Sand. Sie stützt sich auf, schiebt die riesige Sonnenbrille ein Stück herunter und ruft dem Kellner zu: »Laurent, noch eine Karaffe Rosé!« Seit einem Monat verbringt sie jeden Nachmittag hier, seit dem Tag, an dem ihr Mann sie verlassen hat.

In welches der beiden Leben würdest du lieber eintauchen, frage ich per Rundmail. Welche Einsamkeit liegt dir näher? Die Antworten trudeln tröpfchenweise ein. Manchen ist das erste Szenario zu sehr Telenovela, anderen das zweite.

Manche meiner Freunde würden gerne etwas an der Versuchsanordnung manipulieren. Eine Freundin würde beispielsweise gerne sicherstellen, dass das Trinken am Strand nur ein paar Wochen dauert. Sollte die Dame mit halbwegs geflicktem Herzen dann bereit sein für neue Männerabenteuer, würde ihr die Entscheidung leichtfallen…

Eine Cousine schreibt: »Puh, das ist ja mal eine Frage. Wenn du ehrliche Antworten willst: Mir scheinen beide Szenarien dermaßen unattraktiv, dass ich weder eintauchen noch sonst wie in die Nähe solcher Zustände kommen möchte. (Obwohl ich wahrscheinlich dem Szenario eins schon viel näher bin, als ich zugeben mag.) Trotzdem will ich nicht mit der ollen Alkoholikerin auf der Liege tauschen. Kannst du nicht noch zwei Szenarios mit männlichen Darstellern anbieten? Vielleicht fällt mir die Auswahl dann nicht ganz so schwer.«

Mich erleichtert die Tatsache, dass die meisten meiner Vermutungen, wer sich für was entscheiden würde, nicht stimmen. Ich dachte, alle Familienmenschen wählen Nummer eins, alle Luxusbedürftigen und Schwulen zwei. Aber die Trennlinie verläuft nicht an der sexuellen Orientierung. Und die Einsamkeit der beiden Frauen spielt für niemand eine Rolle. Das ist die Haupterkenntnis. Sie wird zum jeweiligen Leben als zugehörig betrachtet und ist kein Kriterium dafür oder dagegen. Sie ist nicht der Fixpunkt einer Existenz.

Ach ja, für mich kommt nur Rosé in Frage. Ohne eine Sekunde nachdenken zu müssen!

Vier. Die Einsamkeit der anderen

Mütter und Veteranen. Wenn Einsamkeit als gesellschaftliches Phänomen unter die Lupe genommen wird, geraten bestimmte Gruppen unter Generalverdacht. Meist diejenigen am Rand: die Obdachlosen, die Flüchtlinge, die Alten ... Weil sie ausgegrenzt werden, erfahren sie Einsamkeit als Folge der Isolation besonders drastisch, und weil sie einsam sind, werden sie gemieden. Vielleicht lässt sich dieser Teufelskreis durchbrechen, wenn man die Einsamkeit anderer, weniger verdächtiger Gruppen aufspürt.

Der Blick auf die Einsamkeit anderer ist voller Sehnsucht und Abstoßung – und voller Klischees. Und auf allen Seiten voller Widersprüche. Der Außenseiter sieht das Normalbürgerleben und wünscht sich, genauso wenig exponiert zu sein, und tut gleichzeitig alles, um nicht vereinnahmt zu werden von der Anonymität der Masse. Und die anderen blicken fasziniert und elektrisiert auf die Außenseiterexistenz und sagen im selben Atemzug: Aber tauschen würde ich nicht wollen.

Am besten beginne ich meine Feldforschungen zur Einsamkeit der anderen mit einem Blick aus dem Fenster. Da erkennt man mehr als auf dem Bildschirm. Ich muss auch nicht lange warten. Schon läuft eine Frau mit leerem Blick vorbei.

Wenn die Mütter des Viertels vor meiner Wohnung vorbeidefilieren, in der einen Hand das Handy, mit der anderen den Kinderwagen schiebend, wirken sie wie unantastbare Werbe-Ikonen des Familienministeriums. An deren Einsamkeit werde ich nie rankommen, befürchte ich. Dass es sie gibt, steht für mich fest. Den ganzen Tag mit einem Wesen aus einer anderen Welt zu verbringen, muss zumindest phasenweise einsam machen.

Doch die Frauen umgibt von außen betrachtet ein solcher Zufriedenheitspanzer, dass es völlig unmöglich scheint, sie direkt darauf anzusprechen. Die Überhöhung von Familie lässt scheinbar keinen Raum für das Unglück der einzelnen Frau. Dennoch kennt jeder den Fall einer Freundin oder Bekannten, die nach der Geburt des Kindes in ein Loch stürzte. Selbst die Verbindung zum eigenen Kind ist keine Selbstverständlichkeit.

»Kindbettdepression«, das klingt wie ein Relikt aus Zeiten, in denen das Überleben einer Geburt nicht gesichert war. Und schwebt wie ein Damoklesschwert über den Schwangeren.

Es sind schließlich zwei alleinerziehende Mütter, die sich öffnen. Der schlimmste Moment sei für sie jedes Jahr Silvester, schreibt die eine. Vor allem, wenn sie doch irgendeine Einladung angenommen habe. Wenn sich die Paare um Mitternacht in den Armen lägen, sei die Einsamkeit nahezu unerträglich. Am liebsten bleibe sie deswegen am letzten Abend des Jahres allein. Da könne sie sich eine Flasche Champagner aufmachen und sich einreden, dass es kein besonderer Tag sei. Doch ganz entkomme man den besonderen Tagen nicht, Kindergeburtstage und Weihnachten ließen sich schließlich nicht verhindern.

Die Einsamkeit der alleingelassenen Mütter setzt sich zusammen aus einer Mischung aus Über- und Unterforderung. Praktisch überfordert, weil niemand da ist, der die Verantwortung einmal abnimmt. Und intellektuell unterfordert, da man schnell den Anschluss verlieren kann an »erwachsene« Themen, wenn man den ganzen Tag mit denen der Kinder beschäftigt ist:

»Als ich neulich einen Spitzenathleten nicht kannte, staunte ein Freund. Aber mich spricht beim Abendessen keiner auf die Tagespresse an, und ich schaffe es gar nicht, den Anschluss zu behalten. Selbst der Fernseher ist abgeschafft wegen gehäufter Sonntagsglotzanfälle. Obwohl man intellektuell nie adäquat gefordert wird, soll man trotzdem kreative Lösungen für alles Mögliche parat haben und nicht allzu verschlafen rüberkommen. Das packt auf Dauer niemand, ohne zu vereinsamen.«

Sobald Einsamkeit nicht in die allgemeine Vorstellung von ihr passt, wird sie nicht nur übersehen, sondern bewusst verdrängt. Das Nichtwahrgenommenwerden verstärkt die Einsamkeit wie bei den aus dem Krieg zurückgekehrten jungen Männern. Einer von ihnen soll im Haus gegenüber wohnen. Gesehen habe ich ihn trotz genauer Beschreibung eines Wirtes noch nie. Wahrscheinlich hätte ich ihn trotzdem nicht erkannt. Auch sie fallen im Straßenbild genauso wenig als einsamkeitsgefährdet auf wie die Mütter.

In der Vorstellung der meisten ist das Unglück alt, arm oder gebrechlich. Vor Kraft strotzende junge Menschen, ob Mütter oder Veteranen, passen nicht ins Bild. Dabei leiden die Kriegsheimkehrer nicht nur unter den Traumata, die sie in Afghanistan erlitten haben, sondern auch an dem Unverstandensein. Selbst in ihrer Einsamkeit fühlen sie sich unerwünscht.

Das Gefühl, nicht durchzudringen mit den eigenen Anliegen, führt zum Gefühl der Ohnmacht. In die mischt sich oft Wut und manchmal Neid auf alles, was es in »die Medien« schafft. Bei den Veteranen kommt erschwerend der verbreitete Widerwille gegen Auslandseinsätze hinzu, der ein Gespräch über das Erlebte erübrigt und die Einsamkeit noch zementiert.

Außenseiter. Am besten scheinen die Einsamkeit paradoxerweise »echte« Außenseiter im Griff zu haben. Je sichtbarer, desto besser. Weil es auch diejenigen sind, die sich ihrer Einsamkeit am Radikalsten stellen mussten. Oftmals mit dem Ergebnis, dass diese sich in Stolz verwandelt.

Ich chatte, statt beim Schreiben gepflegt einsam zu sein, mit Ladyman47 – einem Transvestiten aus dem Allgäu. (Alle Flirtversuche meinerseits hat er mit konsequentem »Ich versteh nich ganz, was du meinst« im Keim erstickt.) Sofort unterstelle ich ihm eine schaurig-schöne Einsamkeit voller verheulter Taschentücher. Er ist keine Diva der Großstadt, sondern eher eine bayerische Dorfschönheit, soweit man das aus der Entfernung beurteilen kann. Sofort sehe ich ihn einsam die Straße entlangstöckeln, während schnell die Fensterläden geschlossen werden …

Die Bilder in seinem Profil zeugen von Mut zu ausgefallenen Farben. Zu schrill gemusterten Seidenkleidern trägt er eine aufwendig frisierte Perücke. Muss er sich in diesem Aufzug nicht einsam fühlen (natürlich formuliere ich das etwas höflicher)? Er versteht die Frage nicht, ich wiederhole sie. Nein, einsam fühle er sich keineswegs, behauptet er. Stattdessen gehe er offen mit seinem Anderssein um und ernte damit eher Neugier. Und alle anderen können ihn mal. Ich glaube ihm kein Wort – aber vielleicht auch nur deswegen, weil ich mir gerade vorstelle, wie ich mich in seinen Kleidern fühlen würde.

Und wenn es ihn doch einmal hart ankommt, sagt sich Ladyman47: »So anders ist mein Leben nun auch wieder nicht. Auch richtige Frauen müssen sich alle paar Tage die Nägel lackieren.«

In Barcelona (erster Tag). Kurz nach der Landung wurde ich zum letzten Mal vor den Gefahren des Alleinereisens gewarnt, aber da war es schon zu spät.

Die Stewardess hockte neben mir auf einer Sitzlehne und lächelte mich mitleidig an. Gemeinsam warteten wir auf die Helfer, die mich zu meinem Rollstuhl vor dem Flugzeug befördern sollten. Ob ich denn wirklich allein verreisen würde, hatte sie mich gefragt und auf mein Nicken hin ungläubig den Kopf geschüttelt. Ohne Begleitung in einer fremden Stadt, das gehe gar nicht. Ich tat so, als wäre das völlig unverständlich. Es war ja nicht mein erstes Abenteuer dieser Art, gab ich mich selbstbewusst. Tel Aviv im vergangenen Jahr sei eine ganz andere Nummer gewesen als Barcelona. Nun hielt sie mich auch noch für einen Aufschneider. In dem Moment erlösten mich die rustikal gut gelaunten Helfer.

Natürlich holt einen die Einsamkeit irgendwann ein, wenn man allein auf sich gestellt unterwegs ist. Darauf war ich eingestellt. Allerdings vergehen sonst ein paar Tage bis zu ihrem Eintreffen. Sie lässt einem wenigstens Zeit, sich in der Fremde einzugewöhnen. Normalerweise.

In Barcelona erwischt die Einsamkeit mich bereits am ersten Morgen. Seitdem würge ich daran. Dieses Mal hilft nicht einmal die Erfahrung, dass wahrscheinlich schon der folgende Tag dafür entschädigen wird.

Stundenlang fahre ich durch die Altstadt mit dem einzigen Ziel, Kopfsteinpflaster zu vermeiden. Recht viel mehr als den Straßenbelag nehme ich nicht wahr. Und selbst der Anblick des Meeres bessert meine Niedergeschlagenheit nicht. Ich fühle mich wie ein Exilant in einem fremden Land. Auch das eine Form des Außenseitertums, die eine schmerzhafte Einsamkeit verursacht. Warum ist mir die der Migranten in München nie aufgefallen?

Zurück im Hotel beginne ich mit dem rituellen Freundezählen. Ich gehe minutiös das Handyadressbuch durch, als müsste ich die letzten Münzen eines leeren Geldbeutels an der Supermarktkasse zusammenkratzen. Ab wie vielen Freunden ist man nicht einsam? Jede Zahl ist zu klein in so einer Stimmung.

Gott segne das Handy an solchen Tagen. Alle bekommen eine Liebeserklärung per SMS, die eine Nummer zu groß ausfällt. Selbst die Freunde in der zweiten Reihe werden nicht verschont.

Unweigerlich kommen mir irgendwann auch die Lieben meines Lebens unter, die großen wie die kleinen. Selbstverständlich schreibe ich ihnen auch. Doch weil mir das Tippen allmählich zu mühselig wird, bekommen sie alle den gleichen Text: Denke an dich und so weiter ... Ich habe jede Selbstachtung vor mir verloren. Die Einsamkeit droht, in Selbstekel zu kippen. Warum erniedrige ich mich so grausam? Gehört auch das zur Einsamkeit? Unersättlich giere ich nach Aufmerksamkeit und wäre zu allem bereit, um sie zu bekommen.

Einsamkeit, so glaube ich an solchen Tagen, ist die notwendige Folge eines angeschlagenen Selbstwertgefühls. Du brauchst dich nicht zu wundern, krächzt eine Stimme in mir, dass du genauso einsam wie übergewichtig bist... Über niemand kann man so boshaft und verletzend lästern wie über sich selbst. Gnade gibt es keine, wenn man erst einmal begonnen hat, sich selbst in die Mangel zu nehmen. Nicht einmal ein sauberer K.O.-Schlag ist ein Grund zur Mäßigung. Dann ruft triumphierend die Stimme aus dem Hintergrund: Schwächling!

Ich schalte den Fernseher im Hotelzimmer an und weide mich an meinem Unglück, bis ich eingeschlafen bin.

Fünf. Im Wandel des Lebens

Zu Beginn. Das Hotelzimmer in Barcelona hat nur ein Fenster zum Innenhof. Von der anderen Seite dringt das markerschütternde Schreien eines Säuglings herüber. So fängt es an mit dem Aufbegehren gegen die Einsamkeit. Es geht ums Ganze. Viel mehr kann er nicht tun, aber das dafür mit aller Dringlichkeit.

Nur Neugeborene ergreifen instinktiv die Initiative, wenn sie sich verlassen fühlen. »Ich bin doch da«, antworten die Eltern reflexhaft mit leichtem Vorwurf in der Stimme. »Du glaubst nur, allein zu sein, aber bist es eigentlich gar nicht.« Doch wer entscheidet, ob jemand einsam ist oder sich »nur« so fühlt? Niemand hat die Deutungshoheit über die Einsamkeit anderer. Man kann dem Menschen selbst seine Würde nehmen, seine Einsamkeit jedoch nicht. Mit Argumenten lässt sie sich höchstens besänftigen, mehr aber auch nicht. Einen Menschen ernst nehmen, heißt, seine Einsamkeit ernst nehmen.

Kleinkinder schreien schon beim bloßen Verdacht, verlassen worden zu sein. Wie das klingt oder wen es noch stören könnte, ist ihnen völlig gleichgültig. Es interessiert ein Baby auch nicht, ob die Mutter gerade bei geöffneter Küchentür die Milch warm macht und nur für wenige Augenblicke aus dem Blickfeld verschwunden ist. Sie kämpfen bis zum Letzten gegen die Einsamkeit. Bis sie violett im Gesicht sind und keine Luft mehr bekommen. Wenn nötig, würden sie sich selbst opfern. Mit jeder Faser fordern sie ein, dass sich dieser fürchterliche Zustand ändert: Es soll sich verdammt noch mal jemand um mich kümmern. Und zwar nicht irgendwann, sondern sofort.

Dieser Mut schwindet rasch. Schon Kinder haben Hemmungen, ihre Einsamkeit lautstark zu benennen. Heranzuwachsen bedeutet auch, die Rebellion einzustellen und die Einsamkeit mit sich selbst auszumachen. Im Erwachsenenalter bekennen sich nur die Verzweifelten zu ihr. Ostentativ einsam sind die, die nichts mehr zu verlieren haben. Die Obdachlosen. Die Betrunkenen an der Bar. Die alten Frauen auf der Suche nach einem Zuhörer für ihre Krankengeschichten. Nur sie geben sich keine Mühe, ihre Einsamkeit zu kaschieren. Im Gegenteil, sie stellen diese wie einen stummen Vorwurf aus.

Einsame Kinder ziehen sich weiter in ihre Welt zurück. Als ließe sich das mit Puppen oder Spielzeugautos schon irgendwie regeln. Doch ein Rest Einsamkeit bleibt, in irgendeinem Winkel der Seele. Dort nistet sie sich ein, verliert alle Farbe, bis sie schwarz wird. Nicht mehr das wütende Rot, der Alarm vom Beginn.

Aus dem Keller der Seele bekommt man sie zeitlebens nicht mehr heraus. Man kann heiraten, selbst Kinder bekommen. Man kann sich mit Freunden umgeben oder einem Garten, mit Arbeit. Man kann die Türen zu diesem Kellerabteil vernageln und verrammeln. Aber man weiß, dass sie dahinter lauert. Und irgendwann bricht die morsche Tür trotz aller Vorsichtsmaßnahmen aus den Angeln.

Von all dem ahnt der schreiende Säugling nichts, sonst würde er augenblicklich verstummen.

Am Ende. Eine Rundfunkredakteurin hat mich letztes Jahr gemeinsam mit einer Politikerin zu einer Gesprächssendung eingeladen. Diese war weit mehr als doppelt so alt wie ich. Den Zweiten Weltkrieg durchlebte sie schon als Erwachsene. Diese Tatsache und mein Rollstuhl waren denn wohl auch der Grund für die Einladung. Wahrscheinlich ging es mal wieder ums Glück. Als ob wir darüber am besten Bescheid wissen müssten …

Die alte Dame und ich taten nur so, als würden wir der Moderatorin antworten. Stattdessen flirteten wir über Bande miteinander, indem wir in unsere Redebeiträge kleine Schmeicheleien für den anderen einbauten. Ich sagte: »Wenn ich den wunderbaren Gedanken fortführen darf«, und sie entgegnete mit »Wie Sie vollkommen richtig gesagt haben«. Im Rahmen der Möglichkeiten eines Studiogesprächs waren wir hemmungslos, beaufsichtigt von der Moderatorin, der Würde ihres Alters einerseits und meiner Behinderung andererseits. Und dies trennte uns wie eine dicke Glaswand. Mehr als einander zuwinken und anlächeln, war nicht möglich.

Das Schlimmste am Altwerden sei, sagte sie, dass es niemand mehr gebe, der dieselben Erfahrungen gemacht habe, niemand die Erinnerungen mit einem teile. Ich nickte und begriff für einen Augenblick die ganze Tragweite des Altwerdens: den Mann zu verlieren, irgendwann sogar die eigenen Kinder zu überleben. Jahr für Jahr kommen einem die Freunde, selbst die Feinde abhanden. Mich schauderte. Die Enkel geben auf die alte Dame acht wie auf ein zerbrechliches Stück Porzellan. Sie kleiden sich bei Besuchen feiner als sonst, sie sprechen eine andere Sprache, weder die der Alten noch die der Jungen.

Sie halten einen für genauso schwerhörig wie kurzsichtig. Und man spürt und bemerkt das alles und hat doch nicht mehr die Kraft, sie zu bitten, normal mit einem umzugehen. Man wird herumgereicht wie eine Trophäe. Und alle zucken schon bei der Nennung des Alters in Ehrfurcht zusammen. Die Jüngeren nehmen Haltung an, setzen sich gerade hin, Erwachsene werden wieder zu Kindern. Man kann sagen, was man will, denn es versteht einen doch niemand. Die Ehrfurcht rückt einen weiter ins Abseits. Sie leuchtet den Graben noch weiter aus. Die Jahre und die Trauer haben ihn ausgewaschen. Neue Bekanntschaften bräuchten Zeit, um zu einer Freundschaft zu reifen. Doch die hat man nicht mehr. Die Einsamkeit des Alters ist endgültig, nur der eigene Tod kann sie beenden. – All das habe ich plötzlich geahnt während des Flirtens durch die Panzerglasscheibe, die mich von der alten Dame trennte.

Beim Verlassen des Studios trauten wir dem anderen nicht zu, unfallfrei über die leichte Bodenschwelle zu kommen. Wir hielten uns gegenseitig für komplett hilfsbedürftig und lehnten selbst jede Hilfe entschieden ab. Als wir uns verabschiedeten, hinter der Schwelle, wussten wir, dass wir uns nicht wiedersehen würden.

Die Einsamkeiten am Anfang und Ende des Lebens sind kaum überwindbar. Weder das Neugeborene kann seine Einsamkeit aus eigener Kraft beenden noch der einsame alte Mensch.

Einsamkeit kann aus Stagnation entstehen, aus der Trostlosigkeit des ewig Gleichen. Alte Menschen trifft sie deswegen oft. In einer Wohnung, in der sich seit dreißig Jahren nichts mehr verändert hat. Unterbrochen nur von den zweiwöchentlichen Besuchen der Tochter mit den immer gleichen Gesprächen, ob ein Altersheim nicht doch besser wäre. Um etwas unter Menschen zu kommen.

Doch lohnt sich der Aufwand, Energie und Zeit in den Aufbau neuer Verbindungen zu stecken? In der Einsamkeit des Alters kann man sich einrichten. Sie wirkt irgendwie vertraut.

In dem kleinen Park gegenüber der Sagrada Familia sitzt ein alter Mann auf einer Bank, genau in der Mitte. Den Gehstock hält er wie eine Lanze vor sich in den Sand gepflanzt, die Baskenmütze thront schief auf dem Kopf. Die Brillengläser sind zentimeterdick. Auf der anderen Seite des Weges kugeln sechs Jugendliche fast übereinander beim Versuch, auf der Bank Platz zu finden. Keiner von ihnen käme auch nur auf die Idee, sich zu dem Alten zu setzen.

In der Mitte. Zwischen der ersten und der letzten lernt man die Einsamkeit als manchmal nervige, aber meistens auch beherrschbare Lebensbegleiterin laufend neu kennen. Es ist ein dauerndes Kommen und Gehen. Doch jedes Mal fühlt sie sich anders an, weil sie aus anderen Lebensumständen gespeist wird, wie Heraklits Fluss: Obwohl wir sie immer und immer wieder gleich erleben, fließen jedes Mal andere Wasser in ihr. Sie verwandelt sich mit einem, steigt an und sinkt wieder, wie Ebbe und Flut.

An jedem ersten Schultag nach den großen Ferien ist sie da und verschwindet im Lauf des Jahres. Was bleibt, ist die Angst, verlassen zu werden. Sind es für Kinder erst mal nur die Eltern, weitet sich der Kreis schon im Kindergarten auf Gleichaltrige aus. Der Wegzug des ersten Kindergartenfreundes gibt einen Vorgeschmack darauf, wie es sich später anfühlen wird, verlassen zu werden.

Einen Namen bekommt dieses Gefühl erst in der Jugend und erfasst nach und nach die ganze Existenz. Plötzlich hilft die Anwesenheit der Eltern nicht mehr, im Gegenteil. Nun besteht die Gefahr nicht mehr darin, verlassen zu werden, sondern darin, dass man überhaupt niemanden hat, der einen verlassen könnte. Denn alles an einem ist zu: zu dick, zu dünn, zu groß, zu klein... Verstehen täte das eh niemand. Nicht einmal sich selbst versteht man, das ist das Schlimmste. Jeder Pickel wächst sich zum Leprageschwür aus und zeigt einem, dass man zu Recht keinen Platz auf dieser Welt hat. Nur alleine, bei heruntergelassenen Jalousien, eingehüllt in sehr laute Musik, erträgt man sich selbst.

Die Einsamkeit der Jugend ist tollwütig. Und dass man belächelt wird, offen oder im Verborgenen, macht alles noch unerträglicher. Dauernd muss man sich behaupten, sich rechtfertigen, selbst für das eigene Unglück. Man hat keinen Bezug zu sich, und das ist das Schlimmste.

Ich verstehe, wenn Jugendliche ihre Mitmenschen (vor allem die des engen Kreises) nur noch aus der Distanz einer Internetverbindung erreichen möchten – oder ertragen. Dieser Widerspruch aus der Sehnsucht nach und der Angst vor Nähe lässt sich damit perfekt ausleben. Es lindert, seine Einsamkeit zu zelebrieren und trotzdem Freunde zu haben. Diese viel belächelte, viel gescholtene dauernde Handyerreichbarkeit ist die perfekte Entsprechung für die Einsamkeit der Jugend, egal welchen Geburtsjahrgangs.

Und dann wird man zwanzig. Nach dem Schulabschluss hat sich die Einsamkeit zurückgezogen, es wurde still um sie. Die Ausbildung, das Studium, die erste eigene Wohnung – das Leben ist auch ohne sie anstrengend genug.

Sie bricht erst wieder aus beim ersten, alles umfassenden Liebesschmerz. Da man sie so schnell vergisst, glaubt man nicht, wie hart sie sein kann. Man brütet bei Kerzenschein über alten Briefen, man bricht in Tränen aus, wenn im Radio »Con te partirò« läuft. Man wird hysterisch bei der Nennung eines Namens. Nichts und niemand kann dieser Einsamkeit Einhalt gebieten. Vor allem keine gut gemeinten Ratschläge. Man wird für alle Zeiten allein bleiben und Rilkes blödes Herbstgedicht rezitieren.

Dass man nicht mehr einsam ist, merkt man daran, dass man nicht mehr darüber nachdenkt. Gemeinsam mit dem Schmerz hat sie sich aufgelöst wie eine Tablette Aspirin. Irgendwie noch vorhanden, aber nicht mehr zu fassen. Man blättert im Kalender zurück. Aber findet den Tag nicht mehr, an dem es geschah, stattdessen ist da nur eine verklärte Gleichgültigkeit. Erst langsam, dann immer forscher taucht man wieder ein ins Leben und merkt: Man geht nicht unter.

Und dann wird man dreißig. Die ersten einschneidenden Verluste als junger Erwachsener sind vielleicht der Tod der Großeltern. Trauer ist etwas Neues, das sich in die Einsamkeit mischt. Dass da etwas unwiderruflich fehlt, ist ein irritierender Gedanke.

Und schon wird man vierzig. Erst mit dem Tod der eigenen Eltern wird die Einsamkeit als solche sichtbar. Sie fühlt sich ganz anders an beim ersten Liebeskummer. Da ist eine

Leerstelle, die sich nicht mehr füllt. Um einen herum die Freunde, die Arbeit, alles beruhigt. Man ist eher beunruhigt, wie ruhig man geworden ist, auch mit der Einsamkeit.

Und dann geht man auf die fünfzig zu. Unmerklich ist da wieder eine neue Einsamkeit, eine kalte. Vielleicht begann es in der Arbeit oder in der Familie. Man kommt sich vor, als wäre man der Einzige, der nicht über die Witze in einem Kinofilm lacht. Die erste Zeit bemühte man sich und dachte: Das war doch eigentlich ganz lustig, und grinste hilflos. Doch die Gags des Lebens zündeten nicht mehr. Die Macht-spielchen im Büro verloren ihre Faszination. Es wunderte einen, mit welcher Leidenschaft sie trotz ihrer Vergeblich-keit weitergeführt werden.

Eines Tages erscheint alles fremd. Es braucht nicht viel, damit der Zug in eine falsche Richtung fährt. Nur eine falsch gestellte Weiche. Bei manchen ist es eine Scheidung, bei manchen eine nicht erfolgte Beförderung und bei wieder anderen der Zerfall einer Freundes-Clique. Zunächst laufen die Schienen zu den anderen parallel, nur der Abstand ver-größert sich immer mehr. Das Gefühl, einsam zu sein, stellt sich erst nach der ersten Verunsicherung ein, es war nicht von Anfang an dabei. Vielleicht wurde es zum ersten Mal deutlich, als endgültig feststand, dass es keinen Weg zurück gibt. Die Sicherheit inmitten von Familie, Freunden oder Kollegen ist fort. Obwohl man viel Zeit und viele Gefühle aufwandte, zuhörte, da war. Das ganze Imperium an ech-ten und digitalen Freunden schützt einen nicht mehr vor dem Gefühl, mutterseelenallein zu sein. Und niemand mehr da, den man verantwortlich machen kann, das schmerzt am meisten.

Wohin geht diese Reise, fragt man sich.

Das Schlimme ist, dass einen die Einsamkeit nicht wie

eine Krankheit aus dem Leben reißt. Sie ist kein Schnupfen, der einen für ein paar Tage außer Gefecht setzt. Stattdessen fließt alles weiter wie zuvor. Man funktioniert ohne jede Beeinträchtigung wie gewohnt. Bald kommt die Erfahrung dazu, dass niemand merkt, dass es einem nicht so gut geht. Beurteilt wird man nach seinem Verhalten, und das ist einwandfrei. Also muss es einem auch einwandfrei gehen. Alles andere will niemand hören, es würde alles durcheinanderbringen. Außerdem: Wer eine so perfekte Mutter, ein so liebevoller Vater, ein so aufmerksamer Freund oder Kollege ist, dem kann es nicht schlecht gehen.

Die Sehnsucht nach einem reinigenden Gewitter steigt, und gleichzeitig würde man alles tun, um es von den geliebten Menschen um einen herum abzuwenden. Stattdessen kauft man Glücksratgeber, belegt vielleicht sogar spirituelle Seminare, sucht sich einen Coach. Es darf nur nicht zu sehr nach Problem klingen. Inzwischen hat man die Sprachregelung übernommen, dass es einem offiziell nicht schlecht geht. Lieber verschweigt man, wie fremd man sich inzwischen ist. Manchmal schimmert sogar etwas wie Rührung auf, wenn man alles tut, um sich nur ja keine Blöße zu geben.

Dennoch erschrecke ich, wenn ich mich zum ersten Mal Sätze sagen höre wie »Ich muss wieder in Kontakt mit mir kommen«. Ich spreche sie wie ein Schauspieler bei der ersten Probe: ein wenig zu selbstsicher, zu betont. Denn ich weiß gar nicht, was das heißt.

Vielleicht wegen der Seminare, vielleicht wegen der Trainer oder einfach nur deswegen, weil ich in letzter Zeit das Ich-Sagen geübt habe, fühle ich mich eines Tages wieder sicherer und wohler. Die Einsamkeit ist nicht weg, aber sie ist wie die Schwiegermutter. Ich weiß mit ihr umzugehen.

Und eines Tages ist es vorüber. Ich bin wieder in mir, fülle mich ganz aus. Ich verschenke die Ratgeber, schwänze den Kurs und zahle die Rechnung des Coaches.

Ich bin wieder auf dem richtigen Gleis.

In Barcelona (letzter Tag). Hätte ich nur auf die Stewardess gehört und wäre sofort mit ihr zurück nach München geflogen. Wie recht sie doch hatte. Man muss sich diese Verlorenheit nicht antun. Alleine verreisen ist Unfug.

In einem Restaurant am Strand lässt man mich nun schon seit einer Stunde die Verlorenheit eines den Launen mürrischer Kellner ausgelieferten Ausländers spüren. Ich bin für das Personal unsichtbar. Das Ehepaar am Nachbartisch wundert sich bereits über die Geduld des Deutschen, mit der dieser eine Stunde auf sein Essen wartet... Als ich es noch konnte, wäre ich längst aufgestanden und gegangen. Aber da ich vor Hunger zittere, bin ich unfähig, einen einzigen Meter zu fahren, geschweige denn den Deich hochzukommen. Schutzlos bin ich der Einsamkeit ausgeliefert. Irgendwann kommt zwar die Fischsuppe, kalt inzwischen und ohne Löffel, doch das rettet mich auch nicht mehr.

Wer, wenn ich jetzt schrie, hörte mich?

Unmittelbar nach dem verunglückten Mittagessen beschließe ich, an der Strandpromenade mit der Kraft der Imagination auf mich aufmerksam zu machen. Irgendwer muss mich wenigstens wahrnehmen! Da ich mittlerweile einige spirituelle Seminare hinter mich gebracht und die dazu passenden Bücher durchgeblättert habe, glaube ich wenigstens für ein paar Minuten an die Wirksamkeit meiner Idee.

Das Experiment geht so: Ich stelle mir eine goldene Kugel

vor, die rund um mich schwebt und sanft vor sich hin leuchtet. Keine Ahnung, ob das Sinn macht. Es klingt jedenfalls so, als ob das auffällig genug wäre. Auf alle Fälle bessert es meine Laune und lenkt ab. Die Strandpromenade entlangfahrend mustere ich alle entgegenkommenden Passanten, ob sie meine Kugel wohl wahrnehmen. Doch nichts passiert, niemand interessiert sich für uns.

Ich bleibe neben einer in den Sand betonierten Dusche stehen, neben mich setzt sich ein alter Mann in den Sand. Nicht der von der Sagrada Familia, stelle ich erleichtert fest. Mit der Faust knackt er Walnüsse und lässt die Schalen in den Sand fallen. Mürrisch wende ich mich ab. Einen anderen Einsamen ertrage ich jetzt nicht. Also lasse ich die Kugel mit einem lautlosen Knall platzen und die Fetzen aufs Meer treiben.

Plötzlich steht eine Chinesin vor mir und fragt ausgerechnet mich nach dem Weg. Wir plaudern in einer für niemanden richtig verständlichen Sprache. Und ein paar Meter später verwickeln mich zwei Latinos in ein Gespräch darüber, warum ich keinen E-Rollstuhl habe. Sind das die Nachwirkungen der Kugel, dass sich andere Ausländer meiner erbarmen?

Wenig später sitze ich auf einem kleinen Platz in der Altstadt. Vor mir wird ein ungenießbarer Tee kalt. Der Schatten der Häuser teilt den Platz in zwei Hälften. Ich wandere mit, der Körper in der Sonne, der Kopf im Schatten. Weiter hinten repariert ein Schlosser das Tor einer Schule. Ein Motorradfahrer taucht auf und schält sich umständlich aus seiner Montur. Ein sommersprossiger Engländer mit einem Reiseführer in der Hand wird von einem Gabelstapler verfolgt. Als würde er ihn auffangen, falls er stolpert. An der anderen Seite des Platzes schiebt ein Greis seine in eine Decke gehüllte Frau im Rollstuhl an einen Tisch. Ganz am Rand wartet ein Mops darauf, dass es endlich weitergeht.

Plötzlich ist das Gefühl größter Fremdheit wieder da. Ob ich hier nun sitze oder nicht, nichts hat etwas mit mir zu tun. Als ob ich unsichtbar wäre wie ein Geist. Und die müssen schrecklich einsam sein...

Ich kann nur beobachten, aber keinen Kontakt aufnehmen. Ja, man soll nie alleine verreisen. Nie mehr. Es sollte verboten werden. – Gott sei Dank reise ich an diesem Abend ab.

Bevor ich in Selbstmitleid versinke, breche ich auf. Bewegung tut gut, wenn man sich einsam fühlt. Kofferpacken hat schließlich immer etwas Zukunftsweisendes und vertreibt die Geister.

Sechs. Vorfahren der Einsamkeit, mütterlicherseits

Trauer und Verzweiflung. Einsamkeit kommt nicht aus dem Nichts. Ihr geht immer etwas voraus. Andere Gefühle, ein Erlebnis, eine Begegnung. Sie ist Folge, nicht Ursache.

Nie in den letzten Jahren war die Frau, von der ich erzählen möchte, von so vielen geliebten Menschen umgeben und doch so verloren wie auf dem Weg zum Grab ihres Mannes. Von der Aussegnungshalle sind es nur ein paar Hundert Meter, doch für sie ist der Weg ohne Ende. Selbst ihr Sohn, bei dem sie sich eingehängt hat, ist ihr fremd. Er behandelt sie wie einen zerbrechlichen Gegenstand, gibt keine Ratschläge wie sonst. Er hat sogar auf ihre Bitte hin den Wintermantel angezogen, ohne das übliche Murren.

Sie spürt, dass sie der eigentliche Mittelpunkt der Beerdigung ist, nicht der Pfarrer, nicht der Sarg mit dem Toten. Alle beobachten, wie sie sich hält. Sie spürt Mitleid, das sie verabscheut, Hochachtung und sogar Neid. Ein unsichtbares Absperrband trennt sie von den anderen, keiner überschreitet es. Als ob sie mitbegraben würde.

Trauer empfindet sie keine, nur deren Umrisse und eine Leere, aus der wächst die Einsamkeit wie eine eisig schöne Orchidee. Sie möchte nach irgendetwas greifen, um sich festzuhalten. Aber alles zerbröselt bei der ersten Berührung. Dennoch registriert die penible Lehrerin, die sie einmal war und wohl nie aufhören wird zu sein, wer zu der Beerdigung gekommen ist, wer fehlt, führt Buch über schlecht sitzende Anzüge, ungeputzte Schuhe, die überflüssigen Adjektive in der Ansprache des Pfarrers. Wozu das alles? Sie weiß es nicht. Das dauernde Verteilen von Zensuren kann sie an sich nicht ausstehen, hat aber auch keine Kraft, dagegen anzugehen. Also lässt sie die Lehrerin in sich gewähren.

Sie schüttelt Hände, lässt sich nach der Beerdigung in ein Auto bugsieren. Steigt aus und isst in einem Lokal unweit des Friedhofes, schmeckt nichts. Ihr fällt ein, dass sie sich nur einmal im Leben so hoffnungslos verlassen gefühlt hat. Auch damals war ihr Mann der Grund dafür. Er rief sie aus dem Büro an. Sie hörte schon an seiner Stimme, dass etwas nicht stimmte. Die geschäftsmäßige Kühle, mit der er ihr mitteilte, ein Verhältnis zu haben, konnte sie ihm länger nicht verzeihen als den Betrug selbst. Dass ihm ihre Ehe nur einen Anruf wert war, empört sie noch heute. Damals schnappte sie sich ihren Sohn und fuhr mit ihm in den Tierpark. Es kam ihr vor, als würde er sie an der Hand halten und nicht umgekehrt. Beim Anblick zweier fressender Giraffen drückte sie die Hand des Jungen so fest, dass dieser zu weinen begann. Nun, fünfunddreißig Jahre später, ist dieses Gefühl wieder da. Sie fragt sich: Warum tust du mir das zwei Mal im Leben an? Warum musstest du diese Einsamkeit nie so durchleben wie ich nun wieder? Erst jetzt wird ihr bewusst, dass sie in ihren Gedanken weiter mit ihm spricht. Immer und immer wieder er.

Eine Nachbarin kommt auf sie zu und sagt, mit einem Blick auf ihren Sohn: »Gut, wenn man in solchen Situationen nicht allein ist.«

Die Witwe denkt: Was für eine Lüge! Doch sie weiß, was

sich gehört in ihrer Lage und nickt. Alles andere würde sie sich nicht verzeihen.

Und auf einmal sieht sie das Kind am anderen Tisch. Sie weiß nicht einmal, zu wem es gehört. Das Kind nimmt die Witwe überhaupt nicht wahr, spielt völlig versunken mit Besteck. In diesem Moment passiert etwas mit ihr. Es ist wie eine Erlösung, sie wendet sich ab.

Trauer und Verzweiflung schlagen irgendwann in Einsamkeit um. Meist braucht es einige Zeit, bis das Bewusstsein von ihr an die Oberfläche steigt.

Man sieht auf das Kopfkissen neben sich, man kauft im Supermarkt fettarme Milch, obwohl man fettarme Milch nicht ausstehen kann. Oder wartet beim Wetterbericht auf einen Kommentar, der nicht kommt. Als hätte eine Betäubungsspritze auf einmal aufgehört zu wirken. Hinten im Gaumen zieht sich etwas zusammen, und dieses Zusammenziehen erfasst den ganzen Rumpf, nicht links, nicht rechts, sondern genau in der Mitte.

Mit der Zeit lassen sich diese Anfälle von akuter Einsamkeit eindämmen. Die Wut über das Verlassenwerden, die Trauer über den Tod hat sich in eine Höhle zurückgezogen und kommt nur noch überfallartig herausgeschossen wie ein tollwütiger Hund.

Die Trauer und die Einsamkeit umschlingen einander. Meistens ist die Trauer so stark, der Schmerz über den Verlust so groß, dass die damit verbundene Einsamkeit hingenommen wird, als sei sie so etwas wie die Strafe dafür, selbst noch da zu sein. Alle anderen Verbindungen, zu Freunden, zu den einen umgebenden Dingen, zur ganzen Welt, sind dadurch gelockert.

Die Einsamkeit wirkt wie ein Brennglas: die Trauer, die Verzweiflung, der Schmerz, alles scheint auf einmal unerträglich. Sie kommt wie eine Welle, rauscht heran, wird übermächtig, bricht und zieht sich wieder zurück. Doch die Trauer geht mit den Monaten und Jahren. Die Einsamkeit bleibt, wie ein ausgetrocknetes Flussbett, und zeigt die Umrisse der Trauer, selbst wenn diese nicht mehr sichtbar ist.

Wäre das Wissen nicht mit der Unwiederbringlichkeit des Todes viel zu teuer erkauft, könnte man Trost daraus ziehen, dass die Bindungen zwischen sich liebenden Menschen so stark sind.

Ein knappes Jahr später stirbt auch die Witwe, allein in einem Krankenhaus. Ihr Sohn kommt ein paar Stunden zu spät. Nun hat ihn ihre Einsamkeit eingeholt. Sie ist nun Teil des Familienerbes.

Einsamkeit des Selbstmörders. In einer Kolonie von Pinguinen watschelt manchmal einer aus unerfindlichen Gründen nicht mit den anderen. Werner Herzog hat so einen Querulanten in seinem Antarktis-Film »Encounters At the End of the World« beobachtet. Aus unerfindlichen Gründen bleibt der Pinguin stehen, während die anderen Richtung Meer verschwinden.

Nach einigen Augenblicken dreht er sich um und watschelt Richtung Berge. Er wird die schneebedeckten Gipfel am Horizont nie erreichen. Und wenn man ihn einfinge und zurückbrächte zu seiner Kolonie, würde er sofort wieder in sein Verderben laufen.

»Er läuft in den sicheren Tod«, kommentiert Herzog die Bilder des strauchelnden, sich aufraffenden und weiterhastenden Pinguins voller Hochachtung.

Aber noch viel bewegender ist, dass noch ein zweiter Pinguin stehen bleibt, nachdem die Gruppe aufgebrochen ist. Als wollte er den Selbstmörder überzeugen mitzukommen. Er ist es, der alleine in der Mitte zurückbleibt. Über sein Schicksal wird nichts weiter gesagt. Man muss ihn sich als den einsamsten Pinguin vorstellen.

Wir waren zu viert. Fünf Jahre saßen wir in jeder Stufe des Gymnasiums in einer Bankreihe, immer in derselben Reihenfolge. Wir bildeten keine Gang, keine Bande, dafür waren wir viel zu brav. Weder mussten wir uns mit anderen um die Meinungsführerschaft schlagen, noch gegen Angriffe verteidigen. Ich kann mich nicht einmal daran erinnern, dass wir zu viert viel unternommen hätten. Trotzdem hielten wir zusammen, soweit das überhaupt erforderlich war. Unsere Freundschaften schufen ein solides Fundament, und als Gruppe wurden wir in der Klasse wahrgenommen. Die anderen sahen wahrscheinlich eine stärkere als wir selbst, doch auch das verbindet.

Auf einem der wenigen Fotos, die uns gemeinsam zeigen, picknicken wir lachend unter einem Baum, so glücklich wie für die Werbeaufnahme einer Lebensversicherung. Das Bild entstand während eines Klassenaustausches in Frankreich. Betrachtet man die vier Jungengesichter, bemerkt man keinen Schatten.

In der zwölften Klasse brachte sich Sebastian, einer von uns vier, in den Osterferien um. Er tat es mit Schlaftabletten an einem Bach zwischen Feldern, ein paar Kilometer von unserem Heimatstädtchen entfernt, unter unserem Baum. Wir hatten uns den Platz ausgesucht, um einen Rückzugsort für den Notfall zu haben. Worin dieser bestehen sollte, wussten wir nicht. Egal, hier würden wir uns treffen, hier wollten wir unsere Kommandozentrale für die Weltherr-schaft errichten. Vielleicht sogar mit einem Baumhaus, zu-mindest mit nur für Eingeweihte erkennbaren Zeichen. Es war nicht mehr als eine Absichtserklärung des vergangenen Sommers.

Stattdessen fand einer der beiden anderen Sebastian nach tagelangem Suchen genau dort. Ich hatte die Kommando-zentrale schon wieder vergessen. Bis zu dem Anruf am Mor-gen des Ostersonntag 1992. Mein Vater hatte abgenommen, und ich war die Treppe halb heruntergekommen, als ich es erfuhr.

Heute, 22 Jahre später, überrascht mich, dass wir nie da-rüber gesprochen haben, wie die Polizei und er Sebastian gefunden haben. Überhaupt kommt mir vor, als hätten wir danach nie wieder miteinander gesprochen. Schweigend fuhren wir zu der Trauerfeier. Die Asche wurde später ir-gendwo über der Nordsee verstreut. Ich hätte mir ein Grab gewünscht, an das ich meine Trauer und mein Unverständ-nis hätte tragen können.

Wie einsam war Sebastian beim Weg zu dem Notfall-platz? Auch heute zieht es mir die Kehle bei dieser Frage zusammen. Reflexhaft versuche ich mein Schuldbewusst-sein zu befrieden, indem ich mir vorsage, dass ich ihn vor den fatalen Ferien zu einem gemeinsamen Ausflug überre-den wollte. Er muss es zu diesem Augenblick schon gewusst haben, denn er hatte die Tabletten über Wochen gesammelt.

Doch die Frage lässt sich nicht wegdrücken: Wie einsam war er wohl? – Sebastian hinterließ nur einen Zettel: *Es hat doch eh alles keinen Sinn* stand da.

Ich könnte es mir leicht machen mit der Unterstellung, dass er depressiv gewesen sein musste und niemand es ge-merkt hätte. Die Diagnose »Depression« wirkt wie ein Beruhigungsmittel für uns Überlebende. Ein Impfschutz, damit sich die Verzweiflung nicht weiter ausbreitet. Eine Entschärfung des Satzes, den Sebastian hinterlassen hat. Er ist wie ein langsam wirkendes Gift, gegen das ich mich mit allen Mitteln schütze. Und selbst wenn er recht hätte: Müssten wir das Leben nicht trotzdem zu Ende führen?

In mir sträubt sich alles gegen diesen Erklärungsversuch. Als nähme ich ihm etwas von der Würde seines Todes, wenn ich ihn rückwirkend krankschriebe. Diese letzte, diese umfassende Einsamkeit ist keine Krankheit, die sich irgendwie behandeln lässt. Sie ist selbst so etwas wie der Tod. Fast jeder Selbstmord wird geplant aus Einsamkeit und in der Einsamkeit vollzogen. Wie ein Virus, der das Leben zerstört, von dem er abhängt.

Obwohl es mir schwerfällt, möchte ich einen Schritt an den Abgrund treten und hinunterschauen, in dieses schwarze Loch vor mir.

Jeder Halt wäre Sinn, jeder Sinn ein Halt. Aber wenn es den nicht gibt, stürzt man ins Bodenlose. Und zwar allein. Wenn da niemand mehr ist, machen auch Bindungen keinen Sinn. Hat er das gemeint? Dass auch unsere Freundschaft keinen Sinn gemacht hat, wertlos war?

Wie einsam muss es Sebastian gemacht haben, als er spürte, dass sich niemand von uns die Frage nach dem Sinn stellte. Wahrscheinlich hat er alle unsere Äußerungen daraufhin abgeklopft, ob wir eine Antwort auf diese eine Frage hätten, die auch für ihn gültig hätte sein können. Aber noch wahrscheinlicher hätte er nur dann aufgehorcht, wenn einer von uns ebenfalls die eigene Existenz in Frage gestellt hätte. Alle anderen Antworten hatten ja keinen Wert für ihn, warum also zuhören?

Ich versuche mir vorzustellen, was passiert wäre, wenn er

jemanden gefunden hätte, für den auch alles bedeutungslos gewesen wäre. Die beiden hätten sich bestätigt gefühlt, dass nur sie die nackte Wirklichkeit sähen. Wären sie zu zweit weniger allein gewesen? Ich weiß es nicht. Der Trost wäre wahrscheinlich aufgefressen worden durch den Ehrgeiz, noch radikaler zu werden. Im schlimmsten Fall hätten beide sich umgebracht. Vielleicht wäre aber auch einer vor dieser Radikalität zurückgeschreckt und zurückkatapultiert worden zu den Alltagsproblemen. Sobald man sich vor der nächsten Klausur fürchtet, kann man sich nicht mehr wegen der Sinnlosigkeit des Lebens umbringen. Jede Herausforderung des Alltags ist ein im Meer der Sinnlosigkeit treibender Rettungsring.

Ja, er muss sich sehr einsam gefühlt haben, umringt von Freunden, denen der Sinn des Lebens egal war. Die eben nur an die Chemieschulaufgabe dachten oder wegen einer unerwiderten Schwärmerei litten wie ich. – Könnte es also ein Schritt aus der Einsamkeit heraus sein, die Probleme der anderen zu seinen eigenen zu machen? Diesen Ausweg hat Sebastian nicht mehr gesehen, die Einsamkeit hatte ihn schon zu sehr im Würgegriff. Es blieb nicht einmal genug zum Nachdenken darüber, was für Einsamkeit er über die bringen würde, die ihn geliebt haben. Über seine Mutter, über seinen Bruder, und über uns.

Am Bodensee. Das Wasser ist schwarz wie der Nachthimmel. Wenn man darauf achtet, hört man leise die Wellen ans Ufer schwappen. Von der Konstanzer Wohnung meiner Schulfreundin sieht man die Lichter auf der anderen Seite des Sees. Wie ein Versprechen darauf, dass irgendwann wieder Land kommt. (Die rettende Schweiz …)

Für mich bleibt die einzige Antwort auf die Frage nach dem Sinn des Lebens die, sie sich nicht zu stellen. Nicht dass ich die Lösung des Rätsels hätte, aber oft genug eine Ahnung, die durch die Dunkelheit trägt. Mir graut vor dem Moment, an dem sie sich nicht mehr vermeiden lässt. Denn je lauter man fragt, desto unbedeutender werden alle möglichen Antworten.

Das Funkeln in der Ferne kann für den Schiffbrüchigen gleichzeitig Verheißung sein oder der endgültige Beweis dafür, dass es keine Rettung für ihn gibt. Alle anderen haben es warm und hell, nur man selbst klammert sich bibbernd an seine Planke. Je länger man darüber nachdenkt, desto einsamer stellt man sich den Schiffbrüchigen vor. Aber bleibt überhaupt noch genug Aufmerksamkeit dafür, einsam zu sein, wenn man ertrinkt?

Auf einmal ist mir, als wäre mitten im Gespräch mit den Toten meines Lebens eine Tür zugeschlagen worden. Der Kontakt ist abgerissen. Auf einmal sind sie weg, keine Kameraden mehr, sondern stumme Mahnmale der Endlichkeit. Ich bin mit meinen Erinnerungen wieder allein. Niemand antwortet. Sebastian ist tot.

Gegen diese erdrückende Einsicht kann man wohl nur Glauben setzen, keine Argumente, keinen Beweis. Den wankelmütigen Glauben, dass es ein Wiedersehen nach dem Tod gibt: mit allem Lebenden, allen vor und nach einem Gestorbenen. Weiterleben in allen Religionen bedeutet immer: wieder mit anderen zu sein, aufgehoben in einer Gemeinschaft. Der Tod ist das Aufgehen im großen Ganzen, der Inbegriff von Verbindung. Man sollte das in jedes Glaubensbekenntnis mit aufnehmen: Ich glaube an die Überwindung der Einsamkeit. Ich glaube an die Lichter der anderen Uferseite. Ich glaube an die Rettung. – So viel Glaube wirkt wie ein sorgfältig aufgeschütteter Schutzwall gegen das Nichts. Hoffentlich hält er …

Um drei in der Nacht wache ich auf. Ich weiß nicht, was mich bewegt, aber ich entknote meine Beine und mühe mich in den Rollstuhl. Vor dem Wohnzimmerfenster ist alles schwarz. Vom gegenüberliegenden Ufer des Bodensees ist nichts zu erkennen. Vielleicht sind die Lichter mittlerweile alle aus, vielleicht ist auch Nebel über dem Wasser aufgezogen.

Erst beim Rückweg in das Gästezimmer nehme ich die matt orange leuchtenden Dioden in den Steckdosen wahr, die den langen Flur wie Leuchtbojen erhellen.

Sieben. Vorfahren, väterlicherseits

Wut. Ein anderer Vorfahre der Einsamkeit sieht ihr auf den ersten Blick nicht ähnlich. Auch weil Menschen, wenn sie bis zum Scheitel voller Zorn sind, nicht mehr in Zimmerlautstärke sprechen können. Dennoch bahnt sich die Wut ihren Weg nicht selten mit Gewalt nach draußen. Doch da stößt sie auf Unverständnis oder Ablehnung – oder sie schüchtert das Gegenüber ein und lässt es verstummen… Aus dieser Erfahrung wird die Einsamkeit geboren. Die aus Wut Einsamen schrecken ab, was alles nur noch schlimmer macht. Also schreit der Wütende noch lauter und wird deshalb noch weniger verstanden. Es ist, als spräche er eine fremde Sprache. Der Zorn darüber dehnt sich aus, bis alle Verbindungen durchschmoren. Diese Einsamkeit ist blindwütig und auffahrend. Sie nimmt die Luft zum Atmen.

Immer öfter hat man den Eindruck, die ganze Welt wäre ein einziger riesiger Bürgerkrieg, jeder gegen jeden. Überall Landminen; ein falscher Schritt, und schon explodiert wieder irgendwas. Man braucht gar nicht bis zu den Nachrichten über irgendwelche durchgeknallten Selbstmordattentäter zu warten. Die Menschen mit ihrer Wut sind unentwegt um einen: im Supermarkt, in der Fußgängerzone, an der Ampel.

Sie belfern los, weil sich jemand anders verhält, anders aussieht, anders tickt.

Ihre Einsamkeit wirkt wie ein geschlossenes Ventil, das im Inneren weiteren Druck aufbaut. Sie führt zu einem ungesunden Verfolgungswahn, als ob es alle nur darauf abgesehen hätten, den Wütenden zu ärgern. Gleichzeitig glauben die Zornigen, dass sich niemand für sie interessiert. Dieser unauflösbare Widerspruch verstärkt die Wut weiter. Sie hinterlässt verbrannte Erde. Und die Einsamkeit facht die Wut weiter an.

Irgendwann schlägt sie in Ohnmacht um. Dieses Gefühl trifft mit gleicher Wucht ebenso die mit Gewalt zum Schweigen Gebrachten. Voller Einsamkeitszorn müssen sie zuschauen, wie sich um sie herum eine Diktatur ausbreitet.

Wut und Einsamkeit sind keine moralischen Kategorien, werden aber oft dazu gemacht: Sie fühlen sich für die Dissidenten eines Unrechtsstaates genauso an wie für die Terroristen in einem Rechtsstaat. Den einen bemitleidet man darum, bewundert ihn vielleicht sogar dafür, trotz der Isolation an seinen Idealen festzuhalten, beim anderen erkennt man in der Einsamkeit eine gerechte Strafe und befürchtet nur, dass diese ihn weiter radikalisiert.

Einsamsein bedeutet, den Halt zu verlieren. Junge Männer scheinen besonders anfällig dafür zu sein, und anscheinend braucht es nicht viel, sie bis zum Platzen mit Wut anzufüllen. Ein paar Versprechen reichen: ob das nun das der Nation ist oder die Verheißungen einer Religion. Sie sind bereit, sich an alles zu klammern, was die Welt um sie herum irgendwie strukturiert, Freund und Feind klar kenntlich macht. Um Passanten umzubringen, Bomben zu legen oder einem Fremden den Kopf abzuschlagen, muss man verdammt einsam und wütend sein.

Nicht vor der Einsamkeit den Kopf einziehen, sondern sie sich anschauen und sie beschreiben. Im Glauben, dass sie dadurch nicht verschwindet, aber sich wenigstens bändigen lässt.

Angst ist die Umkehrung der Wut, als ob man einen Handschuh von innen nach außen gestülpt hätte. Sie richtet ihr zerstörerisches Potenzial gegen den Ängstlichen selbst. Auch sie verstärkt sich mit der Einsamkeit. Diese geht fast immer mit Angst einher: vor dem Alleinsein, davor, dass sie nicht mehr weggeht und an einem haften bleibt. Sie schaukeln sich gegenseitig hoch: die Angst vor der Einsamkeit und die Einsamkeit der Angst. Man gerät schnell in Panik, wenn die beiden zusammentreffen. Angst beansprucht viel Platz, und den verschafft ihr die Einsamkeit. So kann sie sich noch weiter ausbreiten.

Die Angst nährt sich auch aus der Angst vor ihr selbst. Und aus der Sprachlosigkeit, die die Einsamkeit umgibt. All das ist überaus tückisch, und die Mischung dieser drei macht sie so gefährlich. Die Angst der anderen vor Ansteckung spielt ihr in die Hände. Deswegen meiden die Einsamen die Nicht-Einsamen und umgekehrt. Die Angst generiert lauter Gedanken, die sich im Kreis drehen.

Der Dreiklang, den man diesem dumpfen Dröhnen entgegensetzen kann, ist wohl wirklich: Glaube, Liebe, Hoffnung, diese drei. – Wie naiv das klingt! Vielleicht besser so: Glaube an den Menschen, Liebe zum Menschen und Hoffnung auf den Menschen. Ich werde immer wieder ein Kerzlein in der Dunkelheit der uns bestimmenden Gefühle wie

Scham, Wut, Angst und Einsamkeit anzünden. Selbst wenn es gleich wieder ausgeht.

Geht das nicht alles eine Nummer kleiner? – Wenn man die Zeitung aufschlägt, leider nicht.

Nimm und lies, wurde Augustinus aufgetragen. Also griff er zu seiner Bibel, schlug sie irgendwo auf und folgerte aus der Passage, was Gott ihm gerade sagen wollte. Ich sitze im Zug vom Bodensee zurück nach München und höre den Gesprächen der Mitreisenden zu. Manchmal klappt das genauso gut.

»Angst«, hat eine resolute Allgäuerin gerade lautstark erklärt, »ist ja vollkommen überflüssig. Denn, was kommt, das kommt sowieso.«

Meiner Mutter erzählte ich unlängst die Geschichte von Antonias zerbrochener Beziehung. Irgendwann unterbrach sie mich und sagte: »Nun hast du schon zum dritten Mal gesagt, er hätte Angst vor zu viel Nähe und deine Freundin Angst vor dem Alleinsein, und jetzt eben, dass sie Angst hätten, einander zu verlieren. Was ist eigentlich mit euch los, dass ihr dauernd Angst habt? Ich habe Angst vor Spinnen, aber sonst würde ich das Wort nie verwenden.«

Seitdem versuche ich eigentlich, zurückhaltender damit umzugehen. Mich in Gelassenheit zu üben. Die Angst nicht dauernd an die Gefühlswand zu malen.

Gestern Nacht fuhr ich durch das menschenleere Konstanz. Mitten auf einer zweispurigen Straße kauerte eine junge Frau im Gebüsch auf dem Mittelstreifen. Neben sich ein fast gleichgroßer gelber Rollkoffer. Sie wirkte wie eine Schiffbrüchige. Schluchzend bat sie mich, ihr zu helfen. Ein Mann würde sie verfolgen und nun in einem Auto auf sie warten. Ich brauchte eine Weile, bis ich alles sortiert hatte.

Sie fragte, ob ich sie zu ihrer Wohnung begleiten könne. Ich nickte und forderte sie auf, rechts neben mir zu gehen. Nach ein paar Metern bog auf der gegenüberliegenden Straßenseite ein Mercedes auf die Straße.

Plötzlich waren die Verwandtschaftsverhältnisse auf den Kopf gestellt. Die Angst war Kind der Einsamkeit, des Verlassenseins in der Nacht. Mit Glaube-Liebe-Hoffnung allein wird man ihrer nicht Herr. Im konkreten Fall half nur, sich dagegen zu verbünden – und dass ich bis zur Wohnungstür der jungen Frau beruhigend auf sie einplapperte.

Einsamkeit des Körpers. Der Raum hat keine Fenster. Die Hände liegen gefaltet auf dem Bauch. Die Frau im weißen Kittel neben der Pritsche sieht müde aus. Mir ist es unangenehm, dass ich ihren Feierabend weiter verzögere. Es ist später Nachmittag an einem Freitag. Wahrscheinlich hat sie diese Woche zu viele Menschen voller Angst gesehen. Ich grinse sie eine Spur zu selbstsicher an, als dass es glaubhaft wäre. Eine launige Bemerkung bleibt mir im Hals stecken.

»Falls was ist.« Sie drückt mir einen roten Knopf an einem langen Kabel in die Hand. Wahrscheinlich ist das nur eine Attrappe. Ich packe sie trotzdem wie ein Sicherungsseil. So, als wäre ich nun verantwortlich für mein Überleben.

Dann schiebt sie mich in die Röhre. Es erinnert an die Einfahrt in einen Stollen. Aber es geht nicht bergab. Ich bin nun vollkommen von der Welt abgeschnitten. So alleine war ich noch nie. Das Gehämmer beginnt, die Zeit steht still. Den Alarmknopf habe ich vergessen. Plötzlich weiß ich: Was auch immer auf den Bildern meines Gehirns zu sehen sein wird, damit werde ich alleine zurechtkommen müssen. Und je schlimmer die Diagnose sein wird, desto mehr wird sie mich herausreißen, aus allem, was mich mit der Welt verbindet. Desto weiter entfernt werde ich sein von meinen Freunden. Von meinem alten Leben. Desto einsamer werde ich sein in einem kranken Körper.

Es ist der 30. April 2006.

Ein Pastor, auch er inzwischen im Rollstuhl, schreibt, dass seine Einsamkeit aus dem selbst auferlegten Schweigen steige. Nicht einmal seiner Frau will er sagen, wie sehr ihn der Anschein von Normalität anstrengt. Schließlich möchte sie ihn »als Mann und nicht als Kranken« – ein Wunsch, den er ihr vorformuliert hat. Er hat mir einen Artikel geschickt, ein Portrait über sich. Schon bei der Lektüre wurde offensichtlich, was er danach bestätigte: Die Journalistin hatte weder von seiner Tätigkeit noch seiner Behinderung irgendeine Vorstellung. – Es tut ihm gut, darüber zu sprechen. Genau wie mir. Und doch wissen wir beide, dass unsere Einsamkeit deswegen nicht verschwinden wird, weder seine noch meine. Vielleicht lässt sie sich zurückdrängen, doch spätestens mit der nächsten Verschlechterung ist sie wieder da.

Alle hässlichen Geschwister der Einsamkeit sind versammelt: die Wut, die Angst, das Unverstandensein, die Trauer ... Es ist dieser sich verweigernde, zerfallende, quietschende Körper mit den besinnungslosen Beinen, der sie uns aufnötigt. Er ist ihre nie versiegende, im Laufe des Lebens immer heftiger sprudelnde Quelle. Wie perfide! Gerade der Körper, der uns ausmacht wie nichts anderes, sperrt uns ein und gleichzeitig aus. Natürlich könnte es noch schlimmer kommen. Genau diese Drohung hängt wie eine dunkle Wolke über allem.

Dabei muss es gar keine unheilbare Nervenkrankheit sein, um uns seine Macht fühlen zu lassen. Ein paar Stunden in einem Zahnarztsessel reichen, um eine Ahnung zu bekommen von der Tiefe des Kellers, in den er uns nach Lust und Laune sperrt. Schneidend kalt ist diese Einsamkeit. Die einem von einem selbst aufgezwungene setzt sich zusammen aus einem Gefühl des Ausgeliefertseins, dem der Sprachlosigkeit und der Andersartigkeit. Alle drei Bestandteile bedingen einander und verstärken sich gegenseitig.

Dabei sind es nicht nur die körperlichen Symptome, die einem andere Regeln aufzwingen – Schmerzen, ungewohnte Bewegungsabläufe oder Empfindungen –, sondern auch die unwirtliche Umgebung: ein Krankenhaus, eine Arztpraxis, die unverständliche Sprache der Medizin. Überall wird erwartet, dass man sich fügt, den Regeln, den Abläufen, den Kommandos der Ärzte. Und das, obwohl man selbst keine Sprache findet. Weder für die Empfindungen noch die Gefühle des Krankseins. Die Worte fehlen, und man erlebt, dass man sich niemandem völlig verständlich machen kann. Noch nach einer einstündigen Rede würde ich keinem Nichtbetroffenen begreiflich machen können, wie genau sich meine Beine anfühlen. Auch kommen mir allmählich die Maßstäbe des Gesunden abhanden.

Aus all dem erwächst der Eindruck, anders zu sein, alleine zu sein. Diese Andersartigkeit macht einen nicht interessant oder wenigstens besonders. Im Gegenteil, die Umwelt und man selbst unternimmt alles, diese möglichst unsichtbar zu machen. Das führt dazu, dass man als Kranker oder Behinderter versucht möglichst normal zu sein, seine Andersartigkeit eher versteckt und verschweigt.

Die Einsamkeit des Körpers ist eine sehr ohnmächtige, schutzlose, weil sie einen nicht nur von der Welt abschneidet, sondern von dem scheinbar mächtigsten Teil des Selbst.

Bei Schwerkranken auf einer Intensivstation verändert sich allmählich die Wahrnehmung. Manche, erklärt Markus, müssen so weich gelagert werden, dass sie irgendwann nicht mehr spüren, wo der eigene Körper aufhört. Auch die Zeit verliert in dem ununterbrochenen Blinken und Piepen der Geräte ihre Konturen, das Grübeln wird nur von kurzem Dösen unterbrochen. Die Gleichförmigkeit der Tage wird dreimal markiert durch den Schichtwechsel des Betreuungspersonals. All dies bildet einen perfekten Nährboden für Einsamkeit. Und selbst Besucher können diese nicht ganz vertreiben. Denn wenn diese wieder gegangen sind, kann das Gefühl der aufbrechenden Verzweiflung und des Verlorenseins allen durch die vertrauten Gesichter hervorgerufenen Trost zerstören. Zumal für einen Menschen ohne Zeitgefühl die zwei Tage bis zum nächsten Besuch eine kleine Ewigkeit bedeuten.

Bei der Übergabe wird zwar dokumentiert, ob der Patient Besuch hatte, wie lange, und vor allem, welche Auswirkung dieser auf die körperliche Verfassung hatte. Doch Einsamkeit ist keine Körperfunktion, die sich irgendwie überwachen oder per Infusion beheben lässt.

Und der Pfleger selbst? Hat Markus angesichts des Leids schon Einsamkeit empfunden? Seine erste Antwort wirkt wie eine Beschwörungsformel: Ein gutes Team, ein guter Freundeskreis und am Ende des Dienstes mit dem Krankenhaus auch die Schicksale hinter sich zu lassen, reiche als Schutz dagegen vollkommen aus.

Auf Nachfrage erzählt er dann doch mit medizinischer Nüchternheit von Fällen, bei denen das nicht gelang.

Wie der einer gleichaltrigen Patientin. An einem Freitagabend kämpfte er stundenlang um ihr Leben. Als er am nächsten Morgen mit dem Frühdienst begann, sagte ein Kollege bei der Übergabe, dass man sie von der Tafel löschen könne. Die Eltern hatten in der Nacht entschieden, die Behandlung einzustellen.

»In dem Moment habe ich mich unendlich verlassen gefühlt. Aber es hilft ja nichts, ich musste an die Arbeit. Das ist das Einzige, was man dagegensetzen kann. Letztlich hat mich die Einsamkeit sogar angespornt.«

Irgendwie habe ich das Gespräch mit einem Bekannten zu Ende gebracht. Er insistierte darauf, dass ich mich um eine Pflegestufe bemühe. Bei all dem Antragskram werde er mir gerne helfen, versicherte er mehrfach. Mein verdrucktes Lächeln nahm er nur als trotzige Verbocktheit. Dass dieses nur die Panik kaschieren sollte, hätte ihn wohl überrascht. Er vermutete Faulheit oder Halsstarrigkeit oder gar Hochmut hinter meiner abweisenden Reaktion. Ich weiß nicht, wie es mir gelang, ihn abzuwürgen. Plötzlich ließ er von mir ab.

Die Einsamkeit mit dem Körper treibt einen in die Lüge, zumindest in Unaufrichtigkeit. Man möchte die Wahrheit niemandem zumuten, und wenn man es, homöopathisch dosiert, doch tut, spürt man, dass etwas anderes von einem erwartet wird. Entweder Tränen oder Heldentum. Doch beides wäre eine Täuschung. Also besser das Thema wechseln.

Nun fahre ich durch die Stadt ohne Ziel, Tränen laufen, kaum verborgen durch die Sonnenbrille, herunter. Ich sehne mich nach einem Ort, wo ich allein sein kann. Aber überall biegen Paare um die Ecke, halten Autos auf Bürgersteigen, kurven Fahrräder herum. Kann man denn nicht einmal ungestört verzweifelt sein? Ich sage mir vor, dass unter all den glücklichen Sonnenanbetern auch Trauernde, Todkranke sind. Es muss so sein, dass ich nicht der einzige Verzweifelte bin! Doch das Wissen gibt mir nichts. Im Gegenteil, ich möchte mit deren Leid nichts zu tun haben. Nur endlich allein einsam sein dürfen in diesem verfluchten Körper.

Endlich habe ich einen Platz gefunden, neben den Müllcontainern hinter dem Marstall. Kaum stehe ich, kommt eine Frau mit einer zugebundenen Tüte. Sie mustert mich kurz, unentschlossen, ob sie einfach neben dem Mann im Rollstuhl ihren Müll wegwerfen kann. Schließlich grüßt sie und zieht mit ihrer Tüte ab. Plötzlich habe ich vergessen, warum ich vorhin so unglücklich war.

Zwischen der Einsamkeit und dem Gefühl dazuzugehören liegt oft nur das Lächeln eines Passanten. Aber bedeutet das nicht auch, dass die beiden Gefühle gar nicht weit voneinander weg sind, vielleicht nicht einmal so grundverschieden, wie man meint?

Acht. Die hässlichen Geschwister der Einsamkeit

Verwandtschaftsverhältnisse. Ein Freund denkt bei Einsamkeit als Erstes an ein Bergerlebnis. Da stand er bei plötzlich auffrischendem Wind knapp unter dem Gipfel. »Die Einsamkeit schlug mir wie mit einer Faust ins Gesicht«, erzählt er. »Wenn ich hier abstürze, findet mich niemand.« Weitere Schläge prasselten auf ihn ein: Angst, Panik, Verzweiflung, und dazwischen, wie Blitze, ein Glücksgefühl, das kaum auszuhalten war. So richtig fassen konnte er diese Gefühlssuppe jedoch erst nach dem Abstieg. Aber da war es schon nur noch die Erinnerung daran.

Einsamkeit allein kommt praktisch nicht vor. Sie hat ihre Vorfahren und verbündet sich mit ihren Geschwistern. Und sie stachelt diese an, ermuntert sie, sich mal richtig auszutoben. Die besonders hässlichen drängen sich wie immer in den Vordergrund. Sie beanspruchen den meisten Platz. Die noblen, distinguierten halten sich zurück und fallen deshalb erst mal nicht so auf. Was für eine Familie!

Die elende Scham. Nichts klammert sich so zäh an die Einsamkeit wie sie. Oder die Einsamkeit an die Scham, je nach Blickwinkel. Gemeinsam halten sie die Getroffenen in Schach. Die beiden treiben ein perfides Spiel, indem sie dauernd mit dem Finger auf die andere zeigen. Die Einsamkeit ist schuld, wenn du dich schlecht fühlst, behauptet die Scham. Und diese entgegnet: Nur weil du dich schämst, bleibst du einsam.

Die teuflische Scham ist die jüngere und auf einmal wieder viel ältere Schwester der Einsamkeit. Sie tragen oft die gleichen Kleider. Die eine der Schatten der anderen, je nachdem, wie die Sonne steht.

Die Scham kann heiß sein oder bitter kalt. Man kann sich an ihr verbrennen und an ihr erfrieren. Bei der heißen Scham, meist in Form von Peinlichkeit, isoliert sie den Betroffenen. Er oder sie wird rot, jeder kann es sehen. Selbst wenn alle sofort solidarisch den Kopf senken. Und diese kurzfristige Zurschaustellung führt zu einem Aufwallen an Einsamkeit, zum Gefühl, damit vollkommen allein zu sein. Niemand kann einem das nehmen. Alle Beschwichtigungsversuche wie »Das ist doch nicht so schlimm« verbreitern die Kluft nur. Oft ist das Gefühl von Peinlichkeit so groß, dass man um keinen Preis mit jemandem darüber reden möchte, auch das isoliert.

Das einzig Angenehme an der heißen Scham ist, dass sie sich mit zunehmendem Abstand in etwas Erheiterndes verwandelt. Sie wird anekdotentauglich. Auch die Einsamkeit während des Erlebens verschwindet mit der Zeit vollständig. Wenn man inmitten einer größeren Runde etwas Peinliches preisgibt, kann man damit sogar Nähe herstellen. Sich solche Geschichten zu erzählen, ist ein Vertrauensbeweis.

Die eiskalte Scham hingegen konserviert die Einsamkeit. Beide zusammen können ein Leben lang halten. Und in manchen Familien sogar noch über den Tod des Schambehafteten hinaus.

Ein Ehepaar schrieb mir einmal, dass sie die Einsamkeit ihres abgeschiedenen Hauses seit dem Selbstmord der Tochter aus Scham nicht mehr verlassen würden. Wenn sich die beiden Schwestern verbünden, führt das fast zwangsläufig ins Schweigen, in die Ohnmacht. Die Scham schützt sich mit Scham vor der Scham und die Einsamkeit mit dem Alleinsein. Und wenn die Betroffenen dann doch darüber sprechen können, hört es sich für andere an wie ein Schrei oder unverständliches Gekrächze. Nichts jedenfalls, auf das die Vernunft eine Antwort wüsste. Das lange Schweigen hat die Worte befallen wie Schimmel. Keine Sprache taugt mehr, das auszudrücken. Und auch alles, was andere sagen, wirkt banal. Was soll man auf die Schameinsamkeit der verwaisten Eltern erwidern, was ihr entgegensetzen? Sie wirkt so übermächtig, so drohend. Gänzlich ungeeignet wäre eine Bemerkung wie »Ihr braucht euch nicht zu schämen«. Es hilft nichts, das Menschen zu sagen, die von Scham zerfressen sind.

Die zu ihr gehörige Einsamkeit wird hingenommen wie eine Strafe, die sich Menschen voller Scham selbst verhängen. Um sich niemandem zuzumuten, zieht man sich freiwillig zurück.

Selbst das Schreiben über dieses Thema ist unendlich mühsam. Daran lässt sich ablesen, wie schwer es fällt, einen Weg herauszufinden aus diesem Eisfeld.

Ich weiß auch nicht weiter. – Das zuzugeben, ist der erste Schritt auf dem langen Weg zurück.

Langeweile. Eine andere Schwester der Einsamkeit kommt viel gemütlicher daher. Viel banaler, tageslichttauglicher. Sie ist leicht dicklich: die Langeweile. Für mich sieht sie der Einsamkeit am ähnlichsten, weil ich seit Kindertagen die beiden gar nicht groß voneinander unterschieden habe. Ich weiß nicht, ob ich als Kind einsam war und mir deswegen langweilig war oder andersherum. Damals, also kurz vor dem Ausbruch der Pubertät, war Einsamkeit keine Kategorie. Und ab der Pubertät war ich mit mir und meiner Einsamkeit so beschäftigt, dass ich die Langeweile nicht mehr gespürt habe. Sie war nur noch die logische Folge des grenzenlosen Verlorenseins.

Da sitzt man dann in seinem Zimmer auf dem Boden. Neben einem die kaputte Dampfmaschine und die abgebrochene Schraube oder die nicht zusammenpassenden Teile eines Modellflugzeuges. Eines der Geschenke, die man sich ingrimmig gewünscht hat und ein paar Monate später für völlig überholt hält. Aus Höflichkeit tat man noch ein paar Wochen, als würde man damit spielen, bevor sie im Schrank, zusammen mit ihren Vorgängern, beerdigt werden.

In meiner Erinnerung fröstle ich die ganze Zeit. Was hervorragend zur Langeweile passt. Dabei ist es draußen nicht wirklich kalt. Man kann weder raus, um eine Schneeburg zu bauen, noch um Tischtennis zu spielen. An Tagen der Langeweile herrscht Aprilwetter. Es lohnt sich nicht mehr, die Heizung anzuschalten.

Zu tun gibt es nichts, die Hausaufgaben sind gemacht oder immerhin so geschickt fingiert, dass man damit durchkommt. Man könnte aufräumen oder für die Chemieschulaufgabe lernen, man könnte jemanden anrufen, man könnte ein Referat vorbereiten. Aber was interessieren einen heute Feldhamster! Vor lauter »könnte« macht man nichts. In meiner Vorstellung ist es durchgängig kurz nach halb fünf. Der Nachmittag ist schon zu weit fortgeschritten, um etwas zu beginnen, und dennoch nicht weit genug, um sich nach unten zu schleichen, um vor dem Abendessen durch die Programme zu zappen. Man könnte auch rüber zur kleinen Schwester, aber dort müsste man wahrscheinlich irgendwelche Matheprobleme lösen oder sich mit anderem Kinderkram rumschlagen. Die Langeweile öder Nachmittage unter der Woche erdrückt einen fast. Denn sie enden nie.

Natürlich gibt es auch eine Langeweile mit Freunden. Aber das nennt sich gemeinsam rumhängen und fühlt sich ganz anders an, viel leichter. Langeweile in Gemeinschaft hat etwas Heroisches, man schlägt gemeinsam die Zeit tot wie einen Mückenschwarm. Langeweile allein ist niederschmetternd, irgendwie erniedrigend. Sie zeigt einem zu deutlich, dass man mit sich nichts anfangen kann. Selbstekel ist nicht von der Hand zu weisen, mit den Jahren nimmt er sogar zu. Wahrscheinlich ist er der eigentliche Grund für die Langeweileeinsamkeit. Deswegen will man auch niemandem davon erzählen. In der Klasse herrscht ein unausgesprochenes Einvernehmen, diese Stunden zu vertuschen. Freunden deutet man nur an, dass man sich gelangweilt hat. War nicht viel los, sagt man. Oder möglichst unbestimmt: Ich hab gestern bisschen rumgemacht.

(Freilich hatte und habe ich Freunde, denen ich abnehme, diese Langeweileeinsamkeit nicht zu kennen. Soll ich sie dafür bedauern oder beneiden? Die waren schon damals unentwegt auf dem Weg ins Turnen oder kamen gerade von der Klavierstunde und sangen gleichzeitig in zwei Chören. Heute arbeiten sie mindestens fünfzehn Stunden täglich, der letzte Urlaub liegt hundert Jahre zurück. Gott sei Dank habe ich aber auch Freunde, die nie behaupten würden, Langeweile wäre ihnen fremd. Sonst müsste ich an mir zweifeln.)

Eltern verstehen einen eh nicht. Erwachsene haben dauernd etwas zu tun. Ob das stimmt, interessiert einen als Kind nicht. Am besten, man beantwortet also deren Frage nicht, was man die letzten Stunden gemacht habe. Und wenn es sich nicht umgehen lässt, dann nur vage: Gelernt habe man, was denn sonst?

Manchmal hat man aber auch Glück, und dieses schale Gefühl der Langeweile reißt einen in irgendeine Tätigkeit. Die Flugzeugteile lassen sich zu einer neuartigen Waffe zusammensetzen, die Dampfmaschine fährt auch ohne Dampf. Plötzlich erledigt man in einer halben Stunde mehr als sonst an einem ganzen Tag. Manchmal ist es ein Einfall, der einen rettet (ein Witz für das Referat über die verdammten Hamster), manchmal nur das schlechte Gewissen. Egal was, das Leben hat einen wieder.

Heute, mit Anfang vierzig, mischt sich unter die Langeweileinsamkeit der muffige Rat: Mach was aus deinem Leben, lass es nicht verplätschern! Das habe ich inzwischen so internalisiert, dass das schlechte Gewissen nicht erst nach dem Nichtstun aufkommt, sondern schon währenddessen.

Die Langeweileinsamkeit bestimmt so sehr mein Leben, dass ich selbst kaum glauben kann, dass neben ihr überhaupt etwas wächst. Es klingt für andere kokett, wenn ich voller Inbrunst behaupte, dass ich auch nicht wüsste, wie die ganzen Bücher entstanden sind, wo ich meiner Wahrnehmung nach nichts anderes tue, als den ganzen Tag aus dem Fenster zu schauen. Mein Gegenüber versucht meist, eine Brücke zu bauen: Man könne ja auch beim Nichtstun nachdenken. Ich nicke. Arbeiten heißt auch immer: einen Garanten zu haben, der Einsamkeit zumindest entfliehen zu können. Eine Beschäftigung verbindet einen, aber womit?

Eine weit verbreitete Form der Langeweileeinsamkeit lässt sich schwerer erkennen, weil sie sich unmerklich ins Leben schleicht: die der Routine, des ewig Gleichen. Man nennt sie auch besser die Alltagseinsamkeit. Die von ihr Betroffenen bemerken sie manchmal erst, wenn das Fernsehprogramm einmal unerträglich ist. Dann kommt ein leichtes Unwohlsein mit dem eigenen Schicksal auf, das sich beim ersten Auftreten recht gut übergehen lässt. Denn die Langeweile lässt sich mit Freizeitablenkung unter der Schmerzgrenze halten.

Doch die Notwendigkeiten des Alltags führen über die Jahre zu einer Verarmung des Lebens. Die Arbeit, das Einkaufen, der Sex, alles wird von einer zähen Patina aus War-schon-immer-so überzogen. Jedes Mal muss mehr Energie aufgewendet werden, es unter die Bewusstseinsoberfläche zu drücken.

Der Alltag, die Langeweile und die daraus entstandene latente Einsamkeit wirken freilich auch beruhigend, sie sind Sedative des Lebens. Das funktioniert deswegen so oft ohne größere Katastrophen, weil nicht nur der Alltag vom vielen Gebrauch stumpfer wird, sondern auch diejenigen, die ihn durchleben.

Der natürlichste Ausweg aus der Routine besteht darin, Kinder auf die Welt zu bringen. Sie wirken wie eine Vitalitätsspritze. Sie bringen Dramatik ins Leben, überhaupt Leben ins Leben. Sie sind nicht nur der Kitt für die Beziehung, sondern geben den Eltern das Gefühl für die eigene Existenz zurück.

Trotzdem hat die Einsamkeit die Betroffenen bereits am Wickel. Die große Sinnkrise zur Lebensmitte, wenn die Kinder aus dem Haus sind, ist bereits vorprogrammiert.

Am nächsten Morgen verstehe ich meine Gedanken zur Langeweileeinsamkeit nicht mehr. Man kann das alles auch ganz anders sehen: Die Einsamkeit ist es, die einen die Zeit viel intensiver erleben lässt. Und weil man für diese neue Empfindung keinen Vergleich hat, denkt man nur, man würde sich langweilen. Stattdessen lebt man nur viel radikaler, wenn man das Verstreichen der Zeit spürt.

Selbstmitleid. Das Unangenehme an der Einsamkeit ist, dass es anscheinend niemand gibt, der ihre Ausmaße ermessen kann. (Vielleicht verengt sie auch nur den Blick.) Da bleibt nur, sich selbst zu bemitleiden. Was die Einsamkeit eher verstärkt, schließlich macht Selbstmitleid nicht gerade attraktiv. Der Unwille, sich darauf einzulassen, ist deutlich spürbar. Sich darin zu suhlen, ist für eine bestimmte Zeit gar nicht mal so übel. Aber recht bald lässt die Wirkung nach, und man wird sich selbst gegenüber genauso un- wie wehleidig.

Zum Selbstmitleid gesellt sich meist schlechte Laune. Und die ist nicht selten die Basis für eine ganzheitliche Verbiesterung. Jeder kennt solche Menschen, die an allem herummotzen. In Bayern nennt man sie liebevoll »Grantler«. Und meist schimmert deren Einsamkeit gut sichtbar durch, so rau die Schale auch aussieht. Und obwohl das der Schlüssel wäre, um an solche Menschen heranzukommen, kann man ihn nicht verwenden. Das Schloss hat so viel Scham angesetzt, dass er nicht mehr passt. Also lässt man sie schimpfen und sucht schnellstmöglich das Weite.

Wenn man nur sich selbst als Maßstab hat, kann dieser leicht verrutschen. Befindlichkeiten anderer geraten aus dem Blickfeld. Wird man als einsamer Mensch also zwangs-läufig irgendwann asozial? Die Gefahr zu verwahrlosen, zu-mindest was die Umgangsformen betrifft, besteht zweifels-ohne. Das muss nicht unbedingt bedeuten, dass man sich nicht mehr pflegt. (Dafür sorgt schon die Eitelkeit, die von der Einsamkeit nicht angegriffen wird.) Zumindest macht sie einige schrullig. Nicht selten äußert sich das in einem hemmungslosen Redebedürfnis, falls sie irgendwann jeman-den zum Reden finden.

Wer kennt sie nicht? Innerhalb von drei Stationen erfährt man in der Straßenbahn unaufgefordert eine komplette Krankengeschichte und noch den Beginn derjenigen des verstorbenen Mannes…

Wie ein Wasserfall strömt es aus der Frau mit den bei-den Jutetaschen mit Logos von Umweltschutzorganisatio-nen. Geschichten von Menschen, die man nicht kennt und nie kennenlernen wird. Notdürftig zusammengehalten von einer Übereinstimmung: Ich kenne das, ich habe ja auch… oder: meine Cousine hat das auch… Die Redner lassen sich durch nichts aufhalten, keine Zeichen der Ungeduld, keine zaghaften Einwürfe, nichts. Die Verzweifelten klammern sich in ihrer Einsamkeit an jeden wie Ertrinkende. Zunächst hört man noch hin, versucht einen Einwurf. Bis man merkt, dass es völlig egal ist, ob man zuhört oder nicht. In mir steigt dann manchmal Ärger hoch, benutzt zu werden.

Die Fronten gehören vorher abgesteckt! Wie meiner Freundin Lara das gelungen ist. Sie hat während ihrer Stu-dentenzeit in der Wohnung von Onkel Fritz gewohnt. Außer ihr hatte er niemand zum Reden. Und deshalb trafen sie eine Abmachung: Sie zahlte kaum Miete, dafür kam Onkel Fritz jeden Tag zum Tee zu ihr. Eine Stunde. Kaum war er zur Tür herein, begann er zu reden, ohne Punkt und Komma. Erzählte ihr vom Krieg, immer wieder vom Krieg, nur wenig von der Zeit danach. War die Stunde um, ging er wieder.

Lässt sich dieser routinierte Umgang mit Einsamen einüben? Mitleid ist wie immer eher kontraproduktiv. Es trennt mehr, als es verbindet. Offenheit innerhalb von gesteckten Grenzen. Das imponiert mir an Lauras Vereinbarung. Dass die Grenze zeitlich gesetzt wurde. Eine Stunde, und nicht mehr…

Ich verlasse die Straßenbahn mit einem unguten Gefühl. Wahrscheinlich habe ich die alte Frau mit den Jutetaschen und der angebrochenen Geschichte noch einsamer zurückgelassen. Selbst wenn sie sich wahrscheinlich bereits den nächsten Zuhörer gekrallt hat.

Aus Sorge, genauso zu enden, gestatte ich mir nicht den geringsten Anflug von Selbstmitleid. Ich gehe mit mir so hart und streng ins Gericht, wie ich es bei keinem anderen Menschen gutheißen würde. Auch das macht einen noch einsamer. Damit niemand mitbekommt, wie es mir wirklich geht, habe ich jede Wasserstandsmeldung geschönt. Bis ich irgendwann gemerkt habe, dass mich mit diesem Helden des Erduldens, den ich da geschaffen habe, wenig verbindet. Er ist mir so fremd wie dessen Einsamkeit.

Angeknackstes Selbstbewusstsein. Meine Freundin Antonia ist gerade gar nicht gut auf einsame Menschen, vor allem einsame Männer, zu sprechen. Sie hat sich unlängst von ihrem Freund getrennt. Auf meine Nachfrage, was dieser wohl gerade mache, schüttelt sie unwillig den Kopf. Wahrscheinlich sitze er zu Hause, mutmaßt sie, und gefalle sich in seinem schrecklichen Verlassenenschicksal. Da könne er sich endlich mal so richtig schön leidtun. Schuld an der ganzen Entwicklung habe eh nur sein Therapeut. Es sei ja kein Wunder, wenn neun von zehn Beziehungen an der Therapie eines Partners zerbrechen würden. Schon nach wenigen Sitzungen ihres Exfreundes bei dem Psycho-Onkel habe sie auf jeden Vorschlag, gemeinsam etwas zu unternehmen, zu hören bekommen: »Lieber nicht, ich muss mich jetzt um mich selbst kümmern.«

Die nächste Eskalationsstufe war dann für Antonia der Satz »Ich muss auch mal an mich denken«. Mit Vorliebe würde der nämlich nicht zu denen gesagt, bei denen er wirklich nutzen könnte – vornehmlich also zu seiner Chefin, der Teufel möge sie holen –, sondern zur Partnerin. Zur ehemaligen Partnerin. Deshalb seien ihr alle Einsamen gerade zuwider.

»Inklusive ich mir selbst«, fügt sie an. »Entschuldige bitte. Ich kann mich gerade selbst nicht ausstehen.«

»Das kenne ich«, sage ich. »Das führt manchmal dazu, dass man alle Passanten auf der Straße für glückliche Menschen hält: den mit Einkaufstüten nach Hause eilenden Anzugtypen. Dem fallen bestimmt gleich lachende Kinder und eine wartende Frau um den Hals. Ich bin mir sicher, dass die Horde Jugendlicher auf dem Weg zur besten Nacht ihres Lebens ist. Alle sind vereint, allen geht es gut.«

Das Glück der anderen überhöhe ich mit Kitschfaktor 100, nur um noch einsamer zu sein. Wenn ich wirklich ehrlich bin, tue ich das, um meine Einsamkeit mit Kitschfaktor 100 zu erhöhen. Je glücklicher die anderen, desto unglücklicher ich. Wahrscheinlich sind die anderen weder so komplett nicht-einsam, noch bin ich so verdammt einsam. Selbsterniedrigung ist auch eine Form von Narzissmus.

Antonia nickt. »Genau wie mein Ex.«

Neun. Ihre ansehnlichen Geschwister

Stolz. Kein Lebensgefühl hat nur hässliche Geschwister. »Meine Mutter pflegte zu sagen, man sei im Leben nie ganz unglücklich.« – Das gilt nicht nur für die Verlassenheit des Fremden von Albert Camus, sondern auch für die Einsamkeit.

Uwe, den ich seit Jahren erfolglos mit Antonia verkuppeln will, hat einen ausgeprägten, manchmal romantisch verklärten Hang zur gepflegten Melancholie. Für ihn bedeute Einsamkeit einen Ausweg »aus dem Hamsterrad des Alltäglichen«, wie er sagt. Für ihn ist sie ein Feiertag für das Alltagsbewusstsein, ein Wachwerden aller Sinne. Der Zustand reinsten Seins. Ein Traum, in der Wirklichkeit kaum zu finden. Zu sehr hängt man doch fest in seinem Leben.

Je älter er werde, sagt er, desto schwerer falle es ihm, Kontakt aufzunehmen. – Antonia sei jetzt wieder Single, werfe ich ein. Aber er hat wieder einmal vergessen, wer das eigentlich ist. Stattdessen erzählt er von seinem letzten Indonesien-Urlaub. Drei Wochen lang hat er bis auf den Taxifahrer, der ihn gelegentlich herumfuhr, mit keinem Menschen gesprochen. Und auch bei dem achtete er darauf, dass das Gespräch nicht über Belanglosigkeiten hinausging. Mit Bewunderung in der Stimme erzählt er, dass es viele alte Menschen gebe, die einfach irgendeine Nummer wählten, nur um eine Stimme zu hören. Um dann befriedigt aufzulegen. Nur traue er sich so etwas nicht.

»Je länger ich Single bin«, sagt Uwe, »desto mehr steigt mein Respekt vor jeder Art von Beziehung: Liebe, Freundschaft – das darf man doch alles nicht entwerten durch Geplänkel. Lieber gar nichts als das.«

Einsamkeit kann auch etwas sehr Aristokratisches haben. Das entspringt dem Widerwillen, sich mit irgendetwas gemeinzumachen, was scheinbar unter dem eigenen Niveau ist. Wie die Briten zu Kolonialzeiten in ihren Anzügen mit den Hüten. Stolz ist ein verwegen gut aussehender Bruder der Einsamkeit. Wenn er umschlägt in Hochmut, wird seine Eitelkeit offenbar. Es gibt nicht wenige Menschen, die einsam sind, weil sie alle anderen für minderwertig halten. Das ist das Dilemma vieler Intellektueller. Beim Blick aus der Stube auf das arbeitende, schwitzende und pöbelnde Volk überkommt sie eine mit Unwohlsein verbundene Einsamkeit. Im Gegensatz zu anderen ist es aber eine bewusst gesuchte, nichts, was über dem Betroffenen zusammenschlägt wie ein Gewitter. Manche Formen der Einsamkeit nagen am Selbstbewusstsein, schlägt sie aber in Stolz um, wird es eher noch stärker.

Sehnsucht. Manchmal kann man die Früchte der Einsamkeit sofort ernten. Dann nämlich, wenn man aus ihr heraus zu träumen beginnt. Von einem Leser, dem man mit seinem Buch Leben rettet ... von einer Abenteuerreise durch die Metropolen Europas ... Die Sehnsucht ist das schönste

Gefühl, das in der Einsamkeit gedeiht. Ja, ohne sie gäbe es keine Sehnsucht. Allein dafür bin ich gerne einsam! Ist die Welt nicht am schönsten im Zwielicht zwischen Wirklichkeit und Traum? Wenn die Konturen des Möglichen verschwimmen. Diese Tagträume sind der eigentliche Grund, warum ich alleine verreise. An manchen Tagen ist dann alles wie zu Jugendzeiten.

Auf einmal hat man seine Umgebung verlassen und ist in einer Welt, die so frei ist wie die der Träume, aber viel besser zu beherrschen. Man kann eine Szene mehrfach ablaufen lassen, man kann ihr einen neuen Ausgang geben oder nach Belieben die Requisiten austauschen. Sofort hat sich das Alleinsein ausgezahlt.

Auf einmal kommt eine Erinnerung aus Kindertagen hoch. Mitten in eine solche Träumerei – ich weiß es noch ganz genau, es ging darum, gerade von einem hochsensiblen und tieftraurigen Superman gerettet zu werden oder ihn zu retten – platzte mein Vater ins Zimmer, der mir etwas vorlesen wollte. Ich stellte mich schlafend, also ging er wieder. Um meine einsamen Träumereien voller Sehnsucht nach einem Beschützer weiterspinnen zu können, habe ich den leibhaftigen Beschützer abgewiesen. Das schlechte Gewissen ist dreißig Jahre später noch da. Wahrscheinlich auch deswegen, weil ich mich heute nicht anders verhalten würde …

Das Glück des Einsamen ist manchmal grenzenlos. Schade nur, dass niemand da ist, dem man es mitteilen kann.

In Hamburg. Zum ersten Mal habe ich mein Handbike, eine Art Fahrradanbau für den Rollstuhl, mit auf Reisen genommen. Keine Anschaffung der letzten Jahre hat mein Leben so positiv verändert wie diese. Nicht mehr abhängig zu sein von nicht funktionierenden Liften oder nicht eingehaltenen Fahrplänen ist herrlich! Da jedoch alle naselang etwas an der Wundermaschine kaputtgeht, habe ich mich bislang nicht getraut, damit zu verreisen. Doch in Hamburg besuche ich einen Freund, der hoffentlich mit Inbusschlüsseln und Zangen umgehen kann.

Statt aber am Morgen, nach einer fast durchwachten Nacht im Schlafwagen, direkt vom Bahnhof in das Hotel zu fahren, schreibe ich dem Freund eine SMS und verschiebe das gemeinsame Frühstück. Denn auf einmal hat mich die Sehnsucht nach dem Wasser gepackt.

Inzwischen hat sich auch die Sonne aus dem verhangenen Horizont ins Blaue gekämpft. Auf dem Bahnhofsvorplatz dudeln Vivaldis »Vier Jahreszeiten« aus den Lautsprechern. Die Obdachlosen stehen mit dampfenden Pappbechern voll Kaffee herum. In locker verteilten Grüppchen, keiner allein.

Aufs Geratewohl schlage ich den Weg Richtung Hafen ein. Bald schon gerate ich außer Atem. So hügelig hatte ich mir eine Stadt am Meer – aus Münchner Perspektive – nicht vorgestellt. Obwohl der Weg schwer zu verfehlen ist, lasse ich ihn mir fast jede Kreuzung aufs Neue von freundlichen Passanten erklären. Eigentlich frage ich auch nur, um den Hamburger Dialekt zu hören.

Nach einer guten halben Stunde und ein paar Irrwegen aus Besserwisserei ist es so weit. Ich stehe wie früher auf den Landungsbrücken, gegenüber die Werft von Blohm+Voss. Die Elbe funkelt, und ein Containerschiff fährt wie bestellt durchs Bild. Ich atme durch, vollkommen frei und unbeschwert. Wieder einmal habe ich es aus eigener Kraft geschafft. Solches sind die Wiedergutmachungsgeschenke der Einsamkeit für all den Kummer, den sie einem bereitet.

Die schönste Schwester der Einsamkeit ist die Freiheit. Das klingt wie aus einem Schlager. Aber was soll's, meistens haben die ja recht.

Die Sehnsucht und die Freiheit sind so unzertrennlich, dass niemand je die beiden wird trennen können. Oder wie Herbert Marcuse, nicht minder pathetisch, schrieb: »Es gibt keine freie Gesellschaft ohne Stille, ohne einen äußeren und inneren Bereich der Einsamkeit, in dem sich individuelle Freiheit enthalten kann.«

Diese seltsame Mischung aus Ungebunden- und Verlorensein habe ich am radikalsten bei meiner Pilgerwanderung vor genau zehn Jahren erfahren. Niemand sagt einem, ob man nach links, rechts oder geradeaus gehen soll. Außer einer inneren Stimme würde sich niemand darüber aufregen, wenn man einen Bus bis ins nächste Dorf nähme. Alle Entscheidungen muss man allein treffen. In manchen Momenten überfordert einen die große Einsamkeitsfreiheit. Manchmal führt sie auch einfach nur dazu, dass man den falschen Weg nimmt.

Erst mit der Zeit begriff ich, dass ich auch alleine wandernd verbunden bin. Freiheit ist nie absolut. Zunächst einmal mit den Straßen oder Wegen, auf denen man sich bewegt. Überall spürt man andere Menschen. Auch die Landschaft mit ihren Feldern und Ortschaften ist von ihnen geformt. Auf sehr zarte Weise treten sie mit einem in Kontakt. Unentwegt ist man von den Hinterlassenschaften, den Absichten und den Geschichten anderer umgeben. Sie wirken auf meine Einsamkeit und Freiheit ein, formen sie um, geben ihnen hinter jeder Kurve eine neue Gestalt.

Wenn ich mir in einem verschlafenen Supermarkt etwas zu essen kaufe, bin ich sofort Teil eines anderen, weltumspannenden Netzes: von Lieferanten und Produzenten, von Zwischen- und Großhändlern. Selbst das Geld, mit dem ich bezahle, verbindet mich mit dem Kreislauf einer ganzen Volkswirtschaft. Jedes dieser Netze nimmt einerseits etwas von meiner Freiheit und gibt mir andererseits Sicherheit.

Jedes Mal liegt es an mir, in welche Richtung das Pendel ausschlägt: fühle ich mich verloren und ausgeschlossen von der Welt, oder genieße ich diese lockeren Bindungen. Ohne Einsamkeit jedenfalls würde ich meine Freiheit nicht einmal wahrgenommen haben.

Und mehr noch. Wenn Eltern ihre Sprösslinge loben wollen, ohne dass es zu sehr auffällt, sagen sie: »Mein Kind ist wirklich pflegeleicht. Es kann sich stundenlang mit sich selbst beschäftigen.« – Selbständigkeit wird jedoch nur bei Kindern als ein hohes Gut wertgeschätzt. Später wird sie stillschweigend vorausgesetzt, obwohl sie nur bei wenigen voll entwickelt ist. Sich mit sich selbst beschäftigen können heißt auch: mit der eigenen Einsamkeit klarkommen, aus ihr etwas machen. Nur mit dieser Fähigkeit wird Alleinsein produktiv.

Für Erwachsene formuliert, heißt das: Autonomie ist nur durch die Erfahrung von Einsamkeit möglich. Sie wächst aus ihr.

Die Einsamkeit hat also ein paar wirklich ansehnliche Verwandte. Eine jedoch lernt man erst richtig zu schätzen, wenn man nicht mehr einsam ist: dass man sich nämlich als Einsamer nur mit den eigenen Dämonen herumschlagen muss. Sobald man wieder in engerem Kontakt mit anderen ist, kommen auch noch deren dazu. Wie war das Einsamsein doch angenehm! Weit und breit nur die eigenen Probleme, niemand wollte zusätzlichen Seelen-Müll bei einem abladen. Was für eine behagliche Ruhe, und nun? Krankheiten, Eheprobleme, schwierige Kinder, so weit das Auge reicht …

Damit hängt ein anderer Vorzug der Einsamkeit zusammen. Einsam erfährt man immerhin, wer und was man eigentlich ist. Sich einsam fühlen heißt auch, sich als Individuum fühlen. Sie ist ein Spiegel. Das setzt voraus, sich selbst aushalten zu können. Was wahrlich nicht die einfachste Übung ist, aber die beste Schule in Selbständigkeit.

Zehn. Einsame Orte

Das eigene Bett scheint der ideale Rückzugsort für einsame Menschen zu sein. Wie eine mit einem Stein verschlossene Höhle. Die Bettdecke bis über die Nasenspitze gezogen. Die Jalousien heruntergelassen. Unerreichbar für alle anderen, um mitsamt der Einsamkeit zu verschwinden. Aber schon auf den zweiten Blick wird die Problematik offenbar. Denn der Schutz nach außen bezieht auch die Einsamkeit mit ein. Hier hat sie nichts zu fürchten.

Nicht umsonst haben einem damals die Eltern eingebläut, dass das Sichverstecken kein Problem löst, vor allem nicht das Alleinsein. »Geh halt mal raus und spiel mit den anderen Kindern«, sagten sie. – Augenblicklich ist der Widerwille von damals wieder da. Die völlig einsichtigen Gründe dagegen hat niemand verstanden. Und mit dem Abstand von Jahrzehnten versteht man sie selbst ebenso wenig. Irgendwie hatte es wohl damit zu tun, dass alle anderen Kinder doof waren und eh nicht mit einem spielen wollten... Gleichzeitig wusste man schon als Kind, dass die vorgeschobenen Argumente nur galten, solange man eben daheim blieb. Die Verzagtheit wurde nur noch vom damit verbundenen Selbstmitleid übertroffen. Und nirgendwo kann man sich dem so rückhaltlos hingeben wie im eigenen Bett.

Jeder Ortswechsel mischt die Karten der Einsamkeit neu. Doch ohne es auszuprobieren, erfährt man es nie. Rauszugehen ist kein Allheilmittel, aber im Bett bleiben noch weniger. Mal überwiegt draußen die Freude über die eigene Abenteuer- und Freiheitslust, mal die eigene Verlassenheit inmitten scheinbar glücklicher Menschen.

Der einen umgebende Raum spielt eine wesentliche Rolle bei der Wahrnehmung der eigenen Einsamkeit. Sie hat immer auch mit der Umgebung zu tun. Das vergisst man nur leicht, denn sie suggeriert einem ja, keine Verbindungen zum Draußen zu haben. Aber nur weil man diese nicht spürt, heißt das nicht, dass die Umgebung keinen Einfluss auf uns hätte.

Bei Freunden. Von der Gartenparty der Nachbarn klingt Schlagermusik und Lachen herüber. Auf der Wäscheleine in der Wiese flattert ein Laken wie ein vergessenes Friedensangebot. Der Park mit dem Biergarten wäre nur ein paar Hundert Meter weit weg, aber die drei Stufen zur Straße sind mit Rollstuhl unüberwindbar. Die knarzige Wohnung meiner Hamburger Freunde ist leer, die beiden sind an diesem Abend im Thalia-Theater.

Ich rolle von Zimmer zu Zimmer. In der Küche tickt eine Wanduhr. Ungespültes Geschirr vom Mittagessen stapelt sich in der Spüle. Doch mir wurde strengstens verboten, mich nützlich zu machen. Was ich missachten würde, wäre der Wasserhahn erreichbar... In das Arbeitszimmer traue ich mich nicht. Der Laptop blinkt müde vor sich hin, überall liegen Papiere herum. Die Tür zum Schlafzimmer steht offen, ein Morgenmantel liegt leicht frivol auf dem Bett und signalisiert: Du gehörst hier nicht her. Schnell schließe ich die Tür. – Jeder Raum spricht mit mir und droht mit Einsamkeit. Selbst wenn ich im Wohnzimmer den Fernseher anschalte, mich auf das Sofa setze mit einer Flasche Wein, bleibe ich trotz aller gespielter Feierabendnormalität ein Fremder. Und dieses drückende Gefühl wird erst nachlassen, wenn die Freunde zurückkehren.

Menschenleere Räume erzwingen geradezu, sich der Einsamkeit zu stellen. Und sie machen gemeinsame Sache mit all den Dingen in ihnen. Je mehr sie an den Besitzer erinnern, desto nachdrücklicher. Wäre einer der Gastgeber da, hätten sie mir nichts zu sagen. Allein die Abwesenheit meiner Freunde erweckt alle Gegenstände wie im Märchen zum Leben.

Ich gehe in das Gästezimmer zurück. Da liegen mein Rucksack und die Anziehsachen herum. Es wirkt, als hätte ich den Raum in Beschlag genommen. Als hätte ich mich vor der Einsamkeit in der fremden Wohnung zu schützen versucht, indem ich mein Revier mit meinen Dingen abstecke. Es ist eine symbolische Geste, aber sie wirkt. Eigentum schafft eine merkwürdige Bindung, eine Vertrautheit mit Gegenständen. Umgeben von meinen verstreuten Klamotten fühle ich mich weniger verloren, hier bleibe ich.

Manche Räume zwingen einem unvermittelt ein Gefühl von Einsamkeit auf, andere nicht. Dieser Wirkung kann man sich nur entziehen, indem man sie verlässt. Denn schon an der Türschwelle verlieren sie ihre Macht.

An der Größe des Raums allein kann es nicht liegen. Weder in einem Theater noch in einem Fußballstadion würde man sich derart einsam fühlen wie in einer fremden Wohnung. Und in einer Kathedrale erst recht nicht.

Selbst dann nicht, wenn sie leer ist und die eigene Kleinheit eigentlich am spürbarsten sein müsste. Genau das Gegenteil ist manchmal der Fall. Monumentale Räume fordern sogar dazu auf, sich und die eigene Einsamkeit nicht so wichtig zu nehmen. Es muss also noch etwas anderes dazukommen, um die Einsamkeit in fremden Wohnungen zu erklären. Und das ist das Gefühl, fehl am Platz zu sein. Nicht hierherzugehören. Je privater ein Raum wirkt, angefüllt mit persönlichen Gegenständen, desto stärker sendet er das Gefühl an den Fremden aus, ein Eindringling zu sein. Dieser Bann wird nur aufgehoben, wenn man den Raum mit einer klaren Aufgabe betritt. Sowohl der Handwerker als auch der Einbrecher sind gegen diese Form der Einsamkeit immun.

Krankenhäuser. Jeder Mensch entwickelt im Lauf des Lebens eine Rangliste der Orte, die ihn für Einsamkeit besonders anfällig machen. Und versucht diese in Folge zu meiden. Sie lösen sofort Beklemmungen aus und erwecken ein vorauseilendes Gefühl des Verlassenseins. Bei mir landen eindeutig auf dem ersten Platz, weit vor jeder Wüste oder Bahnhofstoilette, Krankenhäuser.

In einer Klinik soll sich auch niemand wohlfühlen, hier ist man schließlich krank. Und wer nicht krank ist, hilft anderen Menschen dabei, schnellstmöglich gesund zu werden. Krankenhäuser sollen baldmöglichst überwunden werden. Es sind Transiträume, wie Wartehallen, und deshalb genauso unpersönlich gestaltet.

Das Aufkeimen von Einsamkeit wird dadurch begünstigt, dass man im Krankenhaus in der Regel über zu viel freie Zeit verfügt. Zudem ist man auf seinen Körper zurückgeworfen und lebt in bewussterer Unsicherheit der eigenen Existenz. Die mangelnde Rückzugsmöglichkeit, die vorgeschriebenen Zeiten für Besuche kommen erschwerend hinzu. Zählt man das alles zusammen, könnte man zum Schluss kommen, dass Einsamkeit der Preis ist, den man für die Wiedererlangung der Gesundheit zahlen muss.

Ich weiß nicht, wie viele Gespräche ich in den letzten Jahren mit Menschen geführt habe, die sich beruflich täglich in Krankenhäusern aufhalten. Für sie ist alles, was ich als Horror empfinde, völlig selbstverständlich. Sie sehen alles unter dem Diktat des Praktischen: der Hygiene, der Benutzbarkeit, der Effizienz. Meine Abscheu verstehen sie nicht. Selbst wenn ich sie auf die extrem hässlichen Gänge mit extrem hässlichen Bildern aufmerksam mache, nicht selten sogar schief aufgehängt, blicke ich in ratlose Gesichter. Das habe man noch gar nicht bemerkt, sagen sie, aber jetzt, wo ich sie darauf hinweise… Außerdem gebe es inzwischen auch genug andere Beispiele, behaupten sie. Und dann zählen sie mir irgendwelche Kliniken auf, die ich natürlich nicht kenne. Über die mich schlagartig überfallende Einsamkeit rede ich mit diesen Menschen nicht. Sie wäre ihnen nicht praktisch genug.

Digitale Räume. Man kann in unendlich vielen Welten einsam sein. Die virtuellen fügen da nur eine weitere Dimension hinzu und machen die Einsamkeit noch komplexer. Denn wer sich beim Computerspielen einsam fühlt, weiß selbst bald nicht mehr genau, in welcher Welt er dies eigentlich ist: in der des Computerspiels, in der realen oder gar in beiden?

Tom ging während des Studiums ein halbes Jahr in der World of Warcraft verschütt. Mit einer Gruppe von vierzig anderen Avataren zog er in dieser Märchenwelt herum, um irgendwelche Schätze zu erbeuten oder Monster zu erlegen. Mit Kameraden, die er nie in echt gesehen hatte – geschweige denn, dass er das Bedürfnis danach verspürte. Dennoch hatte er während dieser Monate mit ihnen deutlich mehr Kontakt als mit seinen Kommilitonen und leibhaftigen Freunden.

Heute wundert er sich darüber. Man spürt, wie fremd er dieser Person geworden ist, als wäre sie ihm unangenehm. Über sein Abtauchen spricht er nur nach bohrenden Nachfragen. Schließlich hat er dort genug erlebt, was ihn immer noch erschreckt. Er traf auf Menschen, die sich so komplett von der wirklichen Welt entfernt hatten, dass sie sich von ihren Ehepartnern haben scheiden lassen, um eine halbfiktive Beziehung zu einem Avatar aufzunehmen. Er begegnete Mitspielern, die ihre Kinder verwahrlosen ließen, weil sie mehr dort als in ihrer Gegenwart lebten. Hin und wieder hörte Tom diese im Hintergrund weinen. Auch das habe ihn einsam gemacht, diese menschlichen Abgründe. Und die Tatsache, dass er sich trotzdem dort besser zurechtfand als an der Uni, obwohl ihm alles so surreal vorkam. Wie in einem Drogenrausch.

Trotz der offensichtlichen Vereinsamung, die auch ihn erfasste, fand er Halt in seiner Gilde. Deren Machtgefüge gab ihm Sicherheit und Bestätigung. Und gleichzeitig war alles vom Wissen durchdrungen, dass all dies nicht echt war – und noch viel störanfälliger als die Freundschaften in der anderen Welt.

Ob jeder Mitspieler Teil einer solchen Gruppe gewesen ist, oder gab es auch dort erkennbar einsame Avatare? Tom schüttelt den Kopf: »Es gibt auch welche, die alleine rumziehen. Aber die haben es schwer. Hier wie dort. Mich hat immer gewundert, dass die meisten von denen sich einen Jäger als Avatar ausgesucht haben, keinen Krieger, keinen Zauberer, keinen Mönch. Jäger scheinen die geborenen Einzelgänger zu sein. Zumindest im Netz.«

Autos. Die analoge Entsprechung zu Computerspielen sind Autos. Auch sie sind sonderbar hybrid. Die Unterscheidung zwischen innen und außen ist aufgehoben. Im Auto ist man drinnen und trotzdem draußen. So entsteht ein Zwischenreich des Sowohl-als-auch. Auch der Gegensatz zwischen öffentlichem Raum und Privatsphäre verwischt. Kaum fällt die Autotür zu, beginnt das Reich des Privaten, auch auf der Straße. Ein wenig Blech und Glas gaukelt vor, irgendwie daheim zu sein. Zumindest für sich.

Für dieses künstliche Alleinsein unter Tausenden anderen sind Menschen bereit, viel Geld auszugeben. Und je teurer ein Auto, desto besser schottet es ab. SUVs sind der Blech gewordene Traum vom Panzer gegen alles Gefährliche da draußen. Die leeren, fast verängstigten Blicke der meist zu dünnen Frauen, wenn sie in ihre fahrenden Trutzburgen steigen, erinnern an die Einsamkeit eingesperrter Märchenprinzessinnen.

Der Individualverkehr hat seinen Siegeszug mit dem Auto begonnen. Kutschen brachten immer auch körperliche Begegnung mit sich, mehr noch, zwangen einem die Nähe von

Fremden auf. Das möchten sich viele heute nicht mehr zumuten.

Auch rund um Autos zielen alle Anstrengungen darauf ab, die Wahrscheinlichkeit der Begegnung mit anderen Menschen zu minimieren. Selbst Tankstellen sollen mit möglichst minimalem sozialem Aufwand benutzt werden können. So wird die Fiktion von den eigenen vier Wänden aufrechterhalten.

Um unter all diesen Voraussetzungen nicht zu vereinsamen, bauen viele Fahrer eine besonders belastbare Verbindung zu ihrem Auto auf. Die hohe Emotionalität, mit der alle vermeintlichen Einschränkungen der Selbstbestimmung im Verkehr diskutiert werden, zeigt die Anfälligkeit dieser Konstruktion. Jede Störung würde das ganze System ins Wanken bringen und echte Einsamkeit erzeugen, wo doch nur Alleinsein gewünscht ist.

Die Entwicklung der Autos trägt diesem Bedürfnis Rechnung: Die Karosserie wird immer noch lärmundurchlässiger, die Klimaanlage ermöglicht das Fahren bei geschlossenen Scheiben. Navigationssysteme gewährleisten, dass man sich nicht einmal dann mit Ortskundigen auseinandersetzen muss, wenn man sich verfahren hat.

Durchbrochen wird das Prinzip der Vereinzelung eigentlich nur vom Cabrio. Wahrscheinlich erweckt es deswegen sofort sommerliche Assoziationen. Die strikte Trennung von innen und außen ist wieder aufgehoben. Der Himmel ganz nah. Plötzlich spürt man sich ihm viel stärker verbunden, als wenn man »normal« draußen wäre. Man fühlt sich wie an Deck eines Ausflugsdampfers. – Plappere ich da gerade irgendeine Werbebroschüre nach? Zuletzt bin ich vor zwanzig Jahren mal in einem Cabrio gefahren. – Und als ich für einen Fernsehbeitrag vor einigen Jahren vorschlug, dass man mich doch für einen Sommerausflug in eines setzen könnte, der schönen Bilder wegen, stimmte der Regisseur zwar zu. Die Wirklichkeit sah aber anders aus. Gemeinsam mit dem Filmteam fuhren wir in einem stickigen VW-Bus an den Chiemsee, wo das Cabrio auf mich wartete. Meine Fahrt beschränkte sich darauf, mit verschiedenen Kameraeinstellungen die selben 500 Meter sechsmal abzufahren. Daraufhin wurde das Cabrio wieder abgegeben, und ich fuhr im Bus zurück. Immerhin gemeinsam mit allen anderen. Das sich ergebende Gespräch war das allemal wert.

Draußen. Immer, wenn man einsam ist, ist man auch irgendwo. Aber genauso gilt, dass die Einsamkeit kleiner wird, je mehr Raum um einen herum ist. In der Natur, unter freiem Himmel bekommt sie sofort einen anderen Charakter, wird greifbarer. Die Einsamkeit braucht das beengte Ich. Wenn alle Grenzen wegfallen, tut sie sich schwer, sich irgendwo festzukrallen.

Bei mir verschwindet sie fast augenblicklich beim Anblick von Wasser. Mittlerweile kann ich das beinahe körperlich spüren. Die Einsamkeit löst sich nicht einfach in Luft auf, sondern in eine überwältigende Freiheit, egal ob an einem See oder am Meer.

In der Natur regiert jedoch noch eine andere Komponente neben der Landschaft in die Einsamkeit hinein: das Wetter. Auch hier ist es hilfreich, auf seine Auswirkungen achtzugeben, um weder davon überrascht noch gar drangsaliert zu werden.

Der Einfluss des Wetters auf das Gemüt scheint so selbstverständlich, dass man nicht weiter darüber nachdenkt. Die Gleichung scheint gemeinhin simpel zu sein: Sonne und blauer Himmel gleich gute Laune; Regen, Schnee und Graupelschauer gleich schlechte Laune. So die Theorie. Wahrscheinlich regiert das Wetter jedoch noch viel komplexer und rätselhafter in das Gemüt hinein.

Mich erwischt der ganz große Einsamkeitsblues regelmäßig am ersten richtigen Sommertag. Nun könnte man umschalten in den mediterranen Modus, den langen Nachmittag vertrödeln, ihn mit Aperol Sprizz langsam in den Abend übergehen lassen oder mit den anderen Stammgästen vor dem Café nicht endende Schachpartien beginnen, die nicht endende Gespräche nach sich ziehen... – Aber nein, ich hänge planlos daheim herum und bin unzufrieden. Mit mir, mit der Welt, mit allem. Und der einsamste Mensch auf Gottes Erdboden.

An solchen Tagen scheint es nur noch Menschen zu geben, die gerade im großen Familien- und Freundesverband in den Urlaub fahren oder sich mit Dutzenden Gleichgesinnten zum Grillen verabreden. Was ich fast schon als persönlichen Affront auffasse. Auf einmal sieht man auf den Straßen keine einsamen Menschen mehr. Als ob sich alle der allgemeinen Aufbruchsstimmung angeschlossen hätten, bis auf die wenigen, die daheim ihre Einsamkeitswunden lecken.

Mit Grausen denke ich an die vielen allein unternommenen Ausflüge im letzten Sommer und nehme mir fest vor, überhaupt nie wieder alleine irgendwohin zu fahren. Hat das viele Nachdenken über Einsamkeit diesen Überdruss erzeugt? Ich weiß es nicht, weiß überhaupt mit mir nichts anzufangen bei so viel blauem Himmel.

Zum ersten Mal verstehe ich nicht, warum ich am Ende

des Winters alleine nach Barcelona gereist bin, um mir diese Reise-Einsamkeit anzutun. Das war kein Stahlbad, sondern eigentlich nur autoaggressiv. Wollte ich mich für meine Einsamkeit mit Alleinsein bestrafen, oder hoffte ich zumindest, mich mit selbst gewählter Einsamkeit gegen die große abhärten zu können? Wie soll ich mit all diesen Selbstzweifeln umgehen? Erst allmählich geht mir auf, dass diese Unaufgeräumtheit nicht neu ist. Es ist dieselbe wie beim ersten Tag der großen Ferien. Diese Parallele erleichtert mich ungemein, das bedeutet nämlich auch, dass dieses Gefühl sich morgen schon ins Gegenteil verwandelt haben wird …

Warum nicht die Einsamkeit selbst wie ein Wetterphänomen begreifen? Sie ist kein festbetoniertes Verlies, in das ich von Zeit zu Zeit gesteckt werde, sondern ein wandelbares und ebenso flüchtiges Naturereignis, wie ein Gewitter. Dagegen zu rebellieren ist genauso unsinnig, wie sich gegen das Wetter aufzulehnen. Man muss irgendwie damit umgehen.

Sie ist nicht grundsätzlich mit schweren Stürmen verbunden, kann aber auch als Unwetter auftreten – und sie ist nicht immer der erste Sommertag. Wenn sie ausbricht wie ein Gewitter, ist es durchaus sinnvoll, irgendwo Schutz zu suchen. Und wenn sie wie ein leuchtend blauer Tag daherkommt, winkt von ferne schon das Glück …

Plötzlich geht mir die Verheißung dieses Sommertages auf. Sie erfüllt mich, ich bin wieder bei mir.

Am meisten freut mich, dass ich mich aus eigenen Stücken und fast ohne Schummelei aus diesem Verzweiflungsloch gekämpft habe. Geht also. Was bleibt, ist nur das Unbehagen mit dem vielen Alleinsein, aber auch das wäre ja nicht das Schlechteste. Bin ich etwa, nach so vielen Jahren, des Alleinseins überdrüssig?

Elf. Berufliche Einsamkeit

Auf Arbeit. An der Theke der Cafeteria stehen fünf Kollegen beisammen. Nach ein wenig Geplänkel in der Gruppe flüstern die beiden Frauen im Kostüm miteinander, während die beiden Anzugträger sich über irgendwelche Firmeninterna ausbreiten. Dazwischen ein Mittzwanziger, wahrscheinlich der Praktikant, sich an sein Glas klammernd. Er trägt seinen Anzug wie ein Messgewand. Hilflos und ein wenig linkisch sieht er mal nach rechts, mal nach links, aber keiner spricht ihn an. Seine Verlorenheit ist fast mit Händen zu greifen. Sofort kommen Erinnerungen an meine erste Hospitanz an der Mannheimer Oper hoch: dieses dauernde Gefühl, fehl am Platz zu sein; am Kopierer stehen und davon träumen, entdeckt zu werden; in der Kantine gute Miene zu langweiligen Anekdoten machen … Diese Praktikanteneinsamkeit holt einen bei jedem Berufswechsel wieder ein.

Jeder Beruf kennt einsame Momente. Nur gehört zum Spiel, darüber nicht zu sprechen. Einsamkeit gilt als extrem privat und intim. So etwas teilt man ungern mit Kollegen. Im Beruf ist sie verbunden mit Selbstzweifeln und einem unangenehmen Gefühl der eigenen Überflüssigkeit. Kollegen, die das offen thematisieren, gelten als wehleidig, wenn nicht sogar melodramatisch. Auf jeden Fall als »arme Schweine«.

Selbst wenn sie sich nicht eingestanden wird, erwischt die Berufseinsamkeit jeden irgendwann. Manche nach Feierabend, die anderen während der Mittagspause, die anderen bei der Arbeit selbst oder auf einer Tagung. Das hat auch etwas Beruhigendes. Sie erwischt auch die Menschen im Büro, im Labor oder einer Fertigungshalle. Oder im *lost in translation* der Arbeitsnomaden ... Sie gedeiht eben prächtig in der Monotonie des täglich Gleichen.

Dieser Einsamkeit begegnet man am besten mit Arbeit. Schlimm wird es, wenn diese ausgeht. Quälend sind die leeren Minuten, manchmal sogar Stunden für Verkäufer ohne Kunden in einer Boutique in der Maximilianstraße. (Je teurer der Laden, desto einsamer die Verkäufer. Man bezahlt deren Einsamkeitslangeweile mit.) Leerlauf kennen alle, die im Einzelhandel oder in der Gastronomie arbeiten. Auch Freiberufler kennen sie, wenn nicht genug Aufträge hereinkommen. Bei ihnen ist Schweigen darüber geradezu Pflicht. Alles andere wäre geschäftsschädigend.

Vor Einsamkeit schützt auch ein mit Terminen vollgepflasterter Tag nicht. Dann entspringt sie nicht der leeren Zeit, sondern dem Eindruck, jeden Bezug zu sich selbst und seiner Tätigkeit verloren zu haben. Nur noch wie eine Maschine zu funktionieren. Die Frage »Wozu mache ich das eigentlich?« ist nur der Beginn. Überforderung führt genauso wie Unterforderung zu einsamen Momenten, die allerdings leichter verdrängt werden können.

Ein junger Impresario hat viel mit schwierigen Künstlern zu tun. Er ist erst seit wenigen Monaten im Geschäft. Ihn durchfahre die Einsamkeit manchmal wie ein Schlag, erzählt er. Besonders dann, wenn er gefragt wird: »Wie geht es dir?« – Er fühlt sich zur amerikanischen Unaufrichtigkeit verpflichtet, weil er ja Dienstleister ist gegenüber den

Künstlern. Deswegen geht es ihm offiziell super. »Aber am liebsten würde ich die Frage im beruflichen Kontext verbieten, es wissen doch eh alle, dass sie nicht ernst gemeint ist.«

Auch einem Psychoanalytiker entfährt ein Stoßseufzer: »Ja, natürlich gibt es auf der anderen Seite der Couch Momente größter Einsamkeit.« – Aber zu seinem Berufsverständnis gehöre, sich sofort zu fragen, wodurch der Patient diese ausgelöst habe, und zu überlegen, ob es dessen Einsamkeit oder die eigene sei. Schon spricht er von Übertragungen und Gegenübertragungen und muss sich seiner eigenen Einsamkeit nicht weiter stellen.

Um der Isolierung einzelner Mitarbeiter vorzubauen und die Gruppendynamik positiv zu fördern, haben einige Unternehmen in den letzten Jahren ganze Spielplätze für ihre Mitarbeiter aufgebaut: mit Kickern, mit Tischtennisplatten und Fitnessgeräten, alles, damit sich zwischen den Angestellten belastbare Verbindungen und Verbindlichkeiten entwickeln. Anti-Einsamkeits-Prophylaxe also. Doch nach anfänglicher Begeisterung stauben die Gerätschaften meist vor sich hin. Das Gleichgewicht zwischen Nähe und Distanz pendelt sich auch so irgendwann ein. Oder wird über handfeste Konflikte jenseits des Kickers ausgetragen.

Einsamkeit ist Teil des Arbeitslebens. Aber nichts wird von einem Teil der Arbeitnehmer so vehement bestritten. Denn es beinhaltete ja das Eingeständnis, dass die ausgeführte Tätigkeit nicht so interessant und fordernd ist, wie man für das eigene Fortkommen behaupten muss.

Haben manche der Rund-um-die-Uhr-im-Büro-Herumhänger nicht auch ganz einfach Angst vor der Einsamkeit, die sie sonst befallen könnte? Ich höre schon den vehementen Protest. Unter Eid würden sie schwören, gerne mehr

Zeit mit ihren Kindern, Partnern und Hobbys verbringen zu wollen, aber es gehe eben nicht.

Sie tragen das so überzeugend vor, dass man es sofort glaubt. Aber vollkommen glaubhaft können sie nicht überspielen, dass sie auch Angst haben, dass die Familienrolle allein sie nicht ausfüllen würde. Dass da eine Leere in ihnen bliebe, vor der sie sich fürchten. Eine Einsamkeit, die schon lange ihr Leben besetzt hält und die sich nur zähmen lässt mit Arbeiten bis zum Umfallen.

In der Freizeit. Einsamkeit bleibt Privatsache. Selbst in den eigenen vier Wänden wird über Einsamkeit nicht in Zimmerlautstärke gesprochen. Sie bedroht die Freizeit noch mehr als die Arbeitswelt, denn die Freiheit lässt ihr viel mehr Raum zur Entfaltung. Alle Gegenstrategien bedürfen eigener Anstrengung. Während die Arbeit voller Anforderungen, Erwartungen und Pflichten von außen ist, muss man sich diese in der Freizeit selbst schaffen. Viele übertragen deshalb einfach die Verbindlichkeit des Beruflichen auf das Private. Mit allerlei Aktivitäten und Verabredungen wird jede Ritze gestopft, durch die Einsamkeit dringen könnte. Die Angst vor der Leere verwandelt die Freizeit in einen Arbeitsplatz mit einem besonders unnachgiebigen Vorgesetzten.

Einsamkeit findet wie Trauer, Krankheit, Sterben, Verzweiflung in einer schwer fassbaren Dimension jenseits des Privaten statt. Als ob es neben Beruf und Freizeit noch einen dritten, intimen Bereich gäbe, in dem all das durchlebt wird, was das Menschsein ausmacht.

Gelebt werden kann Einsamkeit nur im ritualisierten

Alleinsein: Indem man sich Zeit für sich nimmt, zu sich kommt, alles möglichst unter fachkundiger Anleitung. Penibel wird jedoch darauf geachtet, dass das Single-Wandern, -Fahrradfahren, -Verreisen nicht zu offensichtlich etwas mit Einsamkeit zu tun hat. So wird als Begründung angegeben, endlich einmal Zeit für sich haben zu wollen. Um gleich hinzuzufügen, von wem man eine Auszeit braucht. Von der Arbeit oder der Familie. Das Alleinsein erfordert eine Legitimation, damit es nicht mit Einsamkeit verwechselt wird. Dass es jederzeit in Einsamkeit umschlagen kann, wird notgedrungen in Kauf genommen. Hauptsache, sie bleibt nicht sichtbar an einem haften.

Arbeitslosigkeit. Wenn man keine Arbeit hat, verbindet sich der unangenehmste Aspekt der Freizeiteinsamkeit, nämlich die grenzenlose, ins Beliebige ausgewachsene Freiheit, mit der verschwiegenen Einsamkeit des Berufslebens.

Ständig muss man sich wie ein Mantra vorsagen: Ich bin noch derselbe, was verändert die Arbeitslosigkeit schon, solange man seine Miete zahlen kann? – Bald wird man den eigenen Beteuerungen nicht mehr glauben. Die Einsamkeit des Arbeitslosen kratzt nicht nur am Selbstbewusstsein, sie reißt riesige Löcher hinein.

Die Industrialisierung hat bislang nicht dazu geführt, dass die breite Masse mehr Zeit hätte, sondern nur dazu, dass einige viel zu viel Zeit haben und andere gar keine. Das geht einher mit der Entwertung des Müßiggangs, da dieser nun den Arbeitslosen und Rentnern vorbehalten ist.

Einsamkeit droht bei Arbeitslosigkeit auch deswegen, weil

Arbeit und die damit verbundene Beschäftigung ein aner-
kanntes und bewährtes Mittel ist, ihr zu entfliehen.

Der Überschuss an freier Zeit wirkt genauso isolierend,
wie keine Zeit zu haben. Sie verliert ihre Farbe angesichts
der Formlosigkeit der Tage. Am Anfang macht die Freiheit
noch Spaß, die Zeit ist voller neuer Gerüche. Endlich käme
man zu all dem, wozu früher kein Raum blieb. Doch viel
zu schnell lässt die damit verbundene Euphorie nach und
weicht einer sonderbaren Lähmung. Die meisten Pläne verblassen oder stellen sich als undurchführbar heraus. Auch
die Küche bleibt ohne neuen Anstrich, und der Wasserhahn
im Bad tropft weiter.

Zwölf. Einsamkeit und Macht

Ein Traum von Macht. Ein Bild hat sich mir tief einge-
prägt: in dessen Mitte der zurückgetretene Papst während
einer Messe im Petersdom. Er sitzt auf seinem leicht erhöhten Thron, gemacht für einen Riesen, nicht für einen
alten Mann. Um ihn herum ist viel Raum. Es wirkt, als hätte
Gott »King Lear« inszeniert. Ein Kreis von vielleicht zwanzig Metern Durchmesser um den Papst ist völlig leer, dann
auf Stühlen die Kardinäle, das Volk, mehrere Tausend Menschen. Unmittelbarer lässt sich Unnahbarkeit nicht darstel-
len. Und auch nicht deren Kälte.

Die Einsamkeit der Macht verleitet zum Träumen. Hinter
mir zwei junge Mütter mit den dazugehörigen Problemen,
vor mir die Fensterbank voller Frauenzeitschriften, darun-
tergemischt: eine alte Ausgabe von *brand eins*. Alles nicht
meine Welt. Zum letzten Mal habe ich ein Büro vor fünf Jahren betreten. Meine letzte Krawatte habe ich vor vier Jahren
entsorgt. Ich habe also keine Ahnung, aber eine blühende
Fantasie, wenn ich von der Einsamkeit der Geschäftsleute
träume.

So stelle ich mir das vor: Ein Vorstandsvorsitzender,
graue Schläfen passend zur dunkelblauen Krawatte, lehnt
im obersten Stock eines Wolkenkratzers an der Fenster-

front. Die Stadt unter ihm ist wegen der dichten Nebel-schlieren kaum zu erkennen. Ein Sturm, noch besser: ein Orkan peitscht Regen an die Scheiben. Gegen die Etikette, auf die er sonst größten Wert legt, hatte er das Sakko bei der Besprechung zugelassen, um den kleinen Fettfleck auf der Krawatte zu verbergen. Nun reißt er sie sich herunter.

Auf dem großen Konferenztisch stehen noch die Kaffee-tassen und die unberührten Keksteller von der Sitzung mit dem Vorstand. Die Flügeltür zu seinem Büro steht offen. Seine Assistentin hat er schon um acht nach Hause ge-schickt, sie hat ihn angesehen, als wäre er krank. Alleine kann er besser nachdenken.

Irgendetwas stimmt an diesem Traum nicht. Ich fange noch mal an. Diesmal eine Nummer kleiner. Der Firmen-boss ist weniger braun gebrannt, die Krawatte bleibt an, und draußen tobt auch kein Orkan. Und, ganz wichtig, auf dem Besprechungstisch steht kein Keksteller.

Im Vorstand herrschte einhellig die Meinung, dass harte Einschnitte notwendig wären. Genauer wollte niemand wer-den, dabei wissen alle, was das heißt: Die Schließung eines Unternehmensbereiches. Und das bedeutet Kündigungen, harte Auseinandersetzungen mit dem Betriebsrat und schlechte Presse. Dafür möchte niemand die Verantwortung übernehmen. Er hat seine Vorstandskollegen geärgert, in-dem er ihre Anspielungen überging, dass die Entscheidung »von ganz oben« kommen müsse. Er sprach von »wir«, sie von »man«. Ein Spiel war es nur an der Oberfläche.

Dennoch muss er grinsen, wenn er an ihre Gereiztheit denkt. Keiner von ihnen konnte ihm in die Augen sehen. Es war klar, was sie wollten. Er sollte alles auf sich nehmen. Wie er Feigheit hasst. – Nein, das war nur die eine Seite der Wahrheit. In Wirklichkeit spekulieren einige darauf, und er weiß genau wer, dass er über die Schließung ins Straucheln gerät oder gar stürzt. Einer von ihnen, auch hier hat er einen Verdacht, würde ihm dann den Gnadenschuss geben, zum Wohl des Konzerns. – Kann es sein, dass mein Traum immer noch zu sehr Hollywood ist?

Vor ein paar Jahren hätte er die Lage mit seinem Mentor besprechen können. Damals war dieser zwar schon lange pensioniert, aber dennoch über alle Entwicklungen im Unternehmen auf dem Laufenden. Doch der war nun tot. Seitdem hat er niemanden mehr. Seine Frau winkt ab, sie möchte mit dem »Schmutz« seines Jobs nicht behelligt werden. »Arbeit bleibt in der Arbeit«, sagt sie, als ob das ein Gesetz und nicht eine Bitte wäre.

Der Einzige, der für ein Gespräch in Frage käme, wäre sein bester Freund aus Studienzeiten. Er unterrichtet nun an einer Fachhochschule Social Economics und kokettiert mit seinem SPD-Parteibuch. Der würde nur darauf warten, ihm Vorschläge zu machen, wie man auch ohne Kündigungen aus der Krise käme. Doch insgeheim würden sie beide wissen, dass der Freund es an seiner Stelle nicht anders machen würde. Nur als Akademiker kann man sich Mitgefühl leisten.

Zurück in meine Wirklichkeit. Ich höre den Nöten der Mütter im Hintergrund zu und fühle mich fremd. Lieber würde ich jetzt neben meinem Vorstandsvorsitzenden stehen, als sein Alter Ego. Cowboy neben Cowboy, sein Wiedergänger. Wortlos würden wir eine Zigarette rauchen, einander zunicken und dann in die entgegengesetzte Richtung reiten. Die Einsamkeit der Macht ist sexy. Und wirkt in der Vorstellung cooler als die Einsamkeit des Sachbearbeiters im Großraumbüro, der überlegt, ob er einen Kollegen wegen einer Schlamperei verpetzen soll und sich damit zum

Außenseiter der Abteilung machen, wie mir kürzlich einer erzählt hat. (Habe ihm davon abgeraten.)

Macht lässt den Mächtigen vereinsamen, das ist Teil ihres Glamours. Ob nun in der Politik, der Wirtschaft oder der Kunst. Einer gegen viele ist ihr Grundmuster: der Kaiser gegen sein Volk. Deswegen hat der Herrscher immer schon mehr fasziniert als seine Untertanen.

Da steht er also, der Vorstandsvorsitzende meiner Fantasie, am Fenster: allein, breitbeinig, voller Vertrauen in sich selbst. Mein Held. Niemand, auch er selbst nicht, würde sagen, dass er im herkömmlichen Sinn einsam ist. Wenn überhaupt, dann trifft er gerade eine »einsame Entscheidung«. Seine Einsamkeit ist sexy, die meinige zwischen den Müttern in dem Café hingegen armselig.

Vielleicht ist mein Held auf einer viel tieferen Schicht seiner Persönlichkeit sogar viel verzweifelter einsam als ich. Dort, wo sein Status, seine Stellung, seine Macht gar keine Rolle spielen. Die Einsamkeit der Macht überstrahlt jede andere, die ordinäre, die menschliche. Diese wird dadurch noch schwerer erkennbar. Kein Betrachter würde je darauf kommen, dass ein Feldherr tief in seinem Inneren verzweifelt ist. Man lässt sich nur zu gerne täuschen bei diesem Thema.

Die Kellnerin kassiert mich ab, Schichtwechsel. Schluss mit der Lifestyle-Träumerei. Wahrscheinlich wird die Einsamkeit der Macht in jedem der im Café ausliegenden Hochglanzmagazine deshalb so filmreif inszeniert, weil die Wirklichkeit der Einsamkeit im Geschäftsleben bitterer und weniger spektakulär ist. Aber es macht Spaß, sich solchen Träumereien hinzugeben.

Die meisten Einsamen stehen nicht an der Spitze der Konzerne. Stattdessen haben sie sich mit viel Energie in ihre Position im mittleren Management hochgearbeitet.

Der Einsamkeit ihrer kleinen bis mittelgroßen Macht begegnen sie, indem sie Teile ihrer Wahrnehmung ausfiltern. Sie würden ihr Leben gar nicht aushalten, wenn sie sich ununterbrochen die Zwänge vor Augen führen würden, denen sie ausgesetzt sind. Sie versuchen, die Einsamkeit durch Konformismus in Schach zu halten und gleichzeitig hält die Einsamkeit des Einerleis sie in Schach. Ihre Reisen führen von einem Unort zum nächsten: Konferenzräume, Hotelzimmer, Bars. Alles sieht gleich aus. Ihr Leben verläuft überwiegend klimatisiert. Vom Flugzeug ins Taxi, ins Hotel, in den Besprechungsraum und wieder zurück.

Die Männer gleichen einander in ihren Vorlieben, tragen die gleichen Anzüge, die gleichen Taschen, die gleichen Insignien ihrer Macht. Uhren, Anzüge, Taschen, Laptops, alles muss gleichermaßen vom Rest der Welt abgrenzen, wie auch innerhalb der eigenen Welt zeigen, dass man dazugehört. Mimikry ist ihr Rezept, um durchzukommen. Indem sie sich einreden, dass ihr wirkliches Leben anderswo stattfindet.

Die Barriere, die sie zwischen ihrem Job und ihrem vermeintlich eigentlichen Leben hochgezogen haben, ist unüberwindbar. Dahinter verschanzen sie sich. Das ist die Voraussetzung dafür, sich im beruflichen Zusammenhang vollkommen anders verhalten zu können als daheim: fürsorglich und empfindlich hier, machtbewusste Fieslinge dort. Sie sind nicht bei sich, solange sie funktionieren. So entkommen sie am besten der Diagnose Einsamkeit. Und wenn es sich nicht mehr kaschieren lässt, gibt es unverfänglichere: Midlife-Crisis oder Burnout. Einsamkeit stellt zu viele Mechanismen der Geschäftswelt infrage, also schweigt man darüber.

In Wirklichkeit. Obwohl ich vorausahne, dass mein orkanumtoster Vorstandsvorsitzender nicht gut ankommen wird, konfrontiere ich einen Unternehmensberater mit meinen Caféhausträumereien.

Seine erste Antwort fällt entsprechend unverständig aus: Großes Kino sei das, was ich da auffahre. Ein guter Entscheider von heute (immerhin sagt er nicht »Performer«) würde seine Maßnahmen nicht einsam vorbereiten, sondern sich mit einem engen Stab an Mitarbeitern austauschen. Ganz das Gegenteil von Einsamkeit. Die alten Alphatiere würden langsam verschwinden. »Und selbst die waren viel zu schlau, als dass sie an einer einsamen Entscheidung scheiterten. Das machen die viel geschickter, inszenieren das vorab, sodass alle mit an Bord sind.« Außerdem verschleiere die überall um sich greifende und in alle Hierarchieebenen ausgreifende Besprechungsmanie eh, wer eine Entscheidung getroffen habe. Nach zehn Sitzungen wisse das keiner mehr.

Ich entgegne mit einer vielleicht eine Nummer zu großspurigen Schmeichelei: »Mich hat stutzig gemacht, dass selbst ein so kluger und beobachtender Mensch wie du anscheinend keine Einsamkeit sieht, wo ich kaum etwas anderes wahrnehme. Das kann einfach nicht sein: Menschen sind immer und überall einsam, sprich: Das ist ein so elementares Lebensgefühl, dass es im Geschäftsleben eine mindestens ebenso große Rolle spielen muss. Nur, wo? Ich glaube, dass die Mechanismen, Einsamkeit nicht zu zeigen und sich selbst nicht einzugestehen, unglaublich raffiniert sind. Was denkst du?«

Zunächst erklärt mir der Berater, dass die branchenübliche Formulierung nicht »Einsamkeit der Macht« laute, sondern »it's lonely at the top«. Außerdem wisse ein Vorstand, dass es Zeit sei zu gehen, sobald er anfange, sich einsam zu fühlen. (Oder er werde gegangen.) Zur Bestätigung erzählt er die Geschichte eines deutschen Managers, der in einem dänischen Unternehmen Vorstand geworden war, mit seinen Ideen für eine veränderte Unternehmenskultur die Mitarbeiter jedoch nicht erreichte. Bald wurde es einsam um ihn. »Und ich erinnere mich, dass damals ein dänischer Kollege mit entsetztem Gesicht berichtete, es sei gerade etwas Entsetzliches passiert. Der Deutsche sei gerade alleine beim Mittagessen in der Kantine gesichtet worden. Völlig alleine. Wie könne er nur so etwas tun? Es dauerte noch ein paar Monate, dann verließ der Betreffende das Unternehmen ›auf eigenen Wunsch‹, wie es hieß. Isolation ist ein Machtinstrument, meinst du das mit Einsamkeit?«

Man kann also einsam sein in dieser Welt, darf das aber auf keinen Fall zeigen, vor allem nicht, indem man mit den starren Konventionen der Macht bricht. Diese ist genauso fragil wie alles andere. Und damit sie funktioniert, darf niemand auf den nackten Kaiser hinweisen. Schon der Anschein von Einsamkeit lässt sie erodieren. Einsamkeit darf man höchstens mit seinem Coach besprechen.

Am Ende des Gesprächs spüre ich, dass ich an den Unternehmensberater nicht rankomme. Wir reden von völlig unterschiedlichen Dingen. Zumal er das Wort Einsamkeit höchstens in Anführungsstrichen ausspricht. Bei mir menschelt es andauernd, und er sieht Strategien, Geschicklichkeit, Macht. Er hört die Musik, wo ich die Anstrengung eines Musikers beobachte. Wahrscheinlich haben wir beide recht: Träfen wir einen der Manager, würde ich einen einsamen Menschen sehen und er den erfolgreichen. Und dieser Manager selbst würde sich einsam fühlen, solange er mit mir sprechen, und erfolgreich, wenn er mit ihm sprechen würde. Einsamkeit bleibt ein uneindeutiger Gefühlszustand: Man nimmt sie nur wahr, wenn man sie auch sehen möchte.

Geld. Je teurer das Restaurant oder Hotel, desto störungsfreier wird einem das Gefühl vermittelt, nicht einsam zu sein. Von Einsamkeit kann man sich zwar nicht freikaufen, aber man kann sie gegen eine andere eintauschen. Sie lässt sich in einem Fünf-Sterne-Hotel angenehmer zelebrieren als in einer heruntergekommenen Frühstückspension. Bei Zimmertemperatur leidet man anders an ihr als bei klirrender Kälte. Außerdem ist man mit Geld nicht lange allein, es zieht andere magnetisch an. Allein schon deshalb, weil man damit Aufmerksamkeit in Form von Dienstleistungen aller Art erwerben kann.

Geld digitalisiert Einsamkeit, löst sie endgültig vom Alleinsein. Im Gegenteil, mit Geld wird diese sogar etwas Kostspieliges und damit aufgewertet: Als reicher Mensch kauft man sich sogar das Alleinsein und ist bereit, in Hotels viel Geld für das Gefühl zu zahlen, dass der Einsamkeit kein Makel anhaftet.

Der Arme ist einsam, *weil* er kein Geld hat, der Reiche *obwohl* er Geld hat. Bei beiden spielt es eine wesentliche Rolle. Geld steht mit der Einsamkeit in einer geheimen Verbindung. Es wertet sie gleichermaßen auf, wie es den ganzen Menschen aufwertet. Alleine seine Verfügbarkeit strahlt ab. Man muss es dafür noch nicht einmal ausgeben, nur besitzen. Die Einsamkeit des Obdachlosen wirkt weniger glanzvoll (außer sie wird in einem teuren Film gezeigt) als die einer mit Sonnenbrille verzierten und mit Einkaufstüten behängten Porsche-Fahrerin.

Geld ermöglicht Freiheit und gibt dadurch der Einsamkeit eine andere Farbe. Armut schließt von ganz vielen Dingen aus, teuren Lokalen, einer unauffälligen Kleidung. Dem Reichen steht es frei, seinen Reichtum nicht zu zeigen oder sogar unter einer Brücke zu schlafen, dem Armen nicht.

Es gibt allerdings noch eine andere Verbindungslinie: Geld, ob zu viel oder zu wenig, begünstigt die Entstehung von Einsamkeit. Es hat eine eigentümliche, fast schon magische Macht, der man sich kaum entziehen kann. Sie entsteht aus der Vereinzelung: der Reiche und der Arme sind abgesondert von der Masse.

Der beste Schutz des Reichen vor Einsamkeit ist, alle Zeit und Energie dafür zu investieren, noch reicher zu werden. Dann bleibt keine Zeit für Müßiggang. Genau derselbe Mechanismus funktioniert auch bei dem Armen. Dabei droht allerdings eine andere Einsamkeit: nämlich wegen Überlastung den Kontakt zum eigenen Tun zu verlieren.

Am wenigsten Macht hat Geld nur dann, wenn man genug davon hat, sodass man sich darüber nicht allzu viel Gedanken machen muss, aber eben auch nicht mehr.

Dreizehn. Einsamkeit und Konsum

Kaufen, kaufen, kaufen. »Ich habe mich jahrelang gewundert«, sagt ein Hipster bei einer Party, »dass Rentner immer genau dann zum Einkaufen gehen, wenn es am vollsten ist, kurz vor Geschäftsschluss. Bis ich gemerkt habe, dass sie das absichtlich machen. Die wollen unter Leute, die brauchen das Gefühl, in der Welt zu sein.«

Eine Übersetzerin wirft ein, dass sie einmal mit Erschrecken festgestellt habe, dass sie sich jeden Morgen auf die paar Worte mit der Bäckerin gefreut habe. Für die Dauer ihres letzten Auftrages war der Brötchenkauf die einzige Verbindung zur Welt.

Ich steuere ohne erkennbaren Zusammenhang die Geschichte bei, wie ich mir von einem Bankberater eine Lebensversicherung habe aufschwätzen lassen und ohne zuzuhören bereit war, alles zu unterschreiben, nur weil mich sein weißes Hemd mit der blauen Leiste so beeindruckt hatte, das über der Brust so verführerisch spannte. Und wie enttäuscht ich war, als er mir nach meiner Unterschrift bei Weitem nicht mehr das gleiche Maß an Zuvorkommenheit angedeihen ließ. Was ich verschweige, ist das schale Gefühl, als hätte ich unter Einsatz aller Herdplatten für jemanden gekocht, der dann nicht erscheint. – Manchmal habe ich den

Eindruck, es würde überhaupt nur etwas konsumiert, um ein wenig Aufmerksamkeit zu bekommen.

Für etwas bezahlen heißt immer auch, in Verbindung kommen, Einsamkeit überwinden. Unser ganzes Wirtschaftssystem fußt darauf. Etwas kaufen schafft nicht nur Verbindung zu den erworbenen Gegenständen oder Dienstleistungen. Auch das ausgetauschte Geld stellt eine symbolische Verknüpfung her. Man gibt etwas und bekommt etwas dafür. Schon ist ein Kontakt entstanden. Jeder überreichte Geldschein stiftet etwas, es gibt wohl kein besseres Schmiermittel. Nur verkohlt die auf Geld beruhende Verbindung auch ebenso schnell und folgenlos, wie sie aufgeflammt ist.

Man bleibt alleine, auch als Mitglied des Nespresso-Clubs, und diese fortgesetzte Enttäuschung und die nicht zu stillende Lust darauf, verführt zu werden, macht einen anfällig für das nächste Versprechen.

So gesehen ist Einsamkeit einer der stärksten Motoren für Konsum. Genau deswegen spielt die Werbung ohne Unterlass mit dem Versprechen auf Gemeinschaft. Wenn man dieses oder jenes kauft, gehört man irgendwo dazu, wird ständig behauptet.

Einsamkeit und Werbung spielen sich gegenseitig in die Hände. Denn diese ist eine ebenso durchtriebene Verführerin wie die Werbung. Geschickt gaukelt sie einem einen Mangel vor. Sie macht einen unzufrieden mit der gegenwärtigen Situation: Du hast niemanden, sagt sie. Alle anderen haben mehr Freunde als du, nur du bist allein. Auch das stachelt an.

Das Kokettieren mit der Einsamkeit haben sich auch Branchen abgeschaut, die damit eigentlich nichts zu tun haben. Selbst Unterwäsche ist nichts Intimes mehr, sondern stellt eine Verbindung her. Die Werbung eines solchen Labels behauptet deswegen schamfrei: »Be part of it«.

Get connected. Die am lautesten gefeierten Konsumgüter der Gegenwart suggerieren, Einsamkeit zu überwinden: Smartphones, Tablets, Flachbildschirme, Spielekonsolen ... – alles elektronische Versprechen auf Kommunikation, auf Austausch, auf Dabeisein.

Seit es fernmündliche Kommunikation gibt, hinken die Menschen der technologischen Entwicklung hinterher. Kaum hatte man sich an schnurlose Telefone im Haus gewöhnt, kamen die ersten Handys. Und jetzt die Smartphones, und so wird das wohl weitergehen, bis irgendwann alle ununterbrochen miteinander verbunden sind. Und bald schon werden wir mit wohligem Schauer an die Momente zurückdenken, in denen man kurzfristig wegen eines Funklochs nicht erreichbar war.

Doch all die Geräte haben die Einsamkeit nicht abgeschafft, sondern sie nur losgelöst von der Unmöglichkeit, mit jemandem zu kommunizieren, und sie ersetzt durch Unfähigkeit dazu. Heute muss man erreichbar sein, um zu wissen, dass keine Sau sich für einen interessiert. Erst, wenn kein Schwein anruft, weiß man um seine Einsamkeit. Das Internet mit Mail und Facebook hat daran nichts Grundlegendes verändert. Außer, dass man inzwischen sekündlich überprüfen kann, ob man mit der Welt noch verbunden ist, und nicht mehr nur einmal am Tag, wenn die Postkutsche kommt.

»Erleben, was verbindet.« So die relativ sinnfreie Werbung eines Telefonanbieters. Doch genau diese Absurdität gehört dazu, wenn man das Verbundensein als etwas Wertvolles an sich feiert. Egal, was man sich zu sagen hat, Hauptsache man sagt es. *You are not alone*, sobald du überhaupt kommunizierst, bist du nicht einsam. Dieses Versprechen und die technischen Möglichkeiten dazu haben die Einsamkeit vom Analogen ins Digitale geholt. Die entsprechende Werbung feiert das sinnfreie Kommunizieren: ein Paar neuer Schuhe, eine Party, alles soll man den Freunden sofort sagen, sie einbeziehen. Der dadurch erzeugte Kommunikationsdruck hält das System am Laufen.

In den Werbespots wird nichts Weltbewegendes verhandelt, keine Liebeserklärungen, nicht einmal Situationen, in denen man wirklich dankbar für ein Handy wäre. Stattdessen kommunizieren um des Kommunizierens willen. Doch je mehr man plappert, desto unverbindlicher wird es, damit man es überhaupt bewältigen kann. Kein Mensch mit Flatrate würde den ganzen Tag tiefgehende Gespräche aushalten. Aber je unverbindlicher man mit vielen plappert, desto mehr sehnt man sich nach »echtem« Austausch mit wenigen. Quantität im Umgang ist nur zu haben um den Preis sinkender Qualität. Sinkt diese unter eine bestimmte Schwelle, reagiert der digitale Mensch mit Einsamkeit. Sie besteht heute nicht mehr im Mangel an Kommunikation, sondern im Zuviel.

Essen vs. mampfen. Vor mir steht ein Teller mit einer unidentifizierbaren Gemüsepampe. Paprika ist zu erkennen und an der Haut zusammenhängende Tomatenstücke, dazwischen Karottenscheiben verschiedener Dicke. Das Ganze riecht so fade, wie es schmeckt.

Für sich selbst zu kochen, kann das Alleinsein sehr schmerzhaft bewusst machen, besonders dann, wenn man es nicht beherrscht. Jeder Bissen erinnert mich daran, höchstens als Küchenhilfe oder Bewunderer zu taugen. Normalerweise begreife ich Situationen, in denen ich auf mich allein gestellt bin, als Herausforderung, nicht aber beim Kochen. Spätestens dann, wenn ich mich mal wieder mit den Mengen verschätzt habe.

Wie viele bestrafe ich mich, indem ich mir beim Essen nicht die Wertschätzung angedeihen lasse, die ich für andere Menschen selbstverständlich aufbringen würde. Man schmatzt, schlürft, isst aus dem Topf, trinkt Wein aus dem Wasserglas ... Dabei könnte man als Single-Esser eigentlich völlig enthemmt Besteck und Geschirr verprassen, schließlich muss man ja nur für einen abspülen.

So gesehen könnte das Abendessen ein Festmahl sein. Gerade weil man nicht durch die Kommunikation mit anderen abgelenkt wird, könnte man sich ganz auf das konzentrieren, was man zu sich nimmt.

Nirgends sonst kommt man so unmittelbar in Verbindung mit anderen Dingen, als wenn man sie sich einverleibt. Essen heißt, in Kontakt zu treten. Eigentlich müsste einen das alles derart beschäftigen – all diese Sinneseindrücke, der Geschmack, der Geruch, das Handwerk der Nahrungsaufnahme -, dass überhaupt keine Zeit bliebe für Einsamkeit. Nur Überwältigung. Nur Sinnesfreuden.

Ich sehe wieder auf meinen Teller und erkenne meinen Irrtum. Warum sollte die Einsamkeit auch gerade davor Halt machen? Nach ein paar Minuten Herumstochern beschließe ich, doch lieber in mein Stammcafé zu fahren.

Vierzehn. Einsamkeit und Medien

Vor dem Fernseher. Das immer überdimensioniertere Gerät steht wie eine Buddha-Statue im Zentrum des Wohnraums. Selbst wenn es schweigt, strahlt es etwas Besänftigendes aus. Kaum schaltet man ein, plappert der Fernseher mit tausend Stimmen und übertönt so jedes Schweigen, viel pflegeleichter als ein Haustier und weniger launisch als ein Partner. Mit der Fernbedienung wird er beherrscht und ist gerade widerspenstig genug, um einem nur das vorzusetzen, was sich andere für einen ausgedacht haben.

Kaum etwas beschäftigt jeden Menschen irgendwann so dringlich wie die Einsamkeit, und trotzdem wird sie kaum öffentlich verhandelt. Als würde es sich dabei um irgendetwas Halbseidenes handeln. In den Medien findet sie hauptsächlich in Nebensätzen oder Adjektiven statt. Und in dem immer noch tonangebenden, dem Fernsehen, nicht einmal das. In Filmen gibt es einsame Figuren, aber wann wurde zuletzt in einer der Talkshows darüber geredet – jenseits dessen, dass irgendjemand schluchzend seine Einsamkeit nach einer Trennung eingesteht?

Eine Bekannte berichtete unlängst von ihren sich über ein Jahr hinziehenden Gesprächen mit einer Fernsehanstalt. Sie hatte sich die Verfilmungsrechte an einem Roman gesichert, an dessen Ende der Protagonist genauso isoliert und zutiefst einsam ist wie zu Beginn. Nach einigen Monaten, während denen sie wortreich ermuntert wurde weiterzumachen, hieß es erst leise und dann immer lauter: Alles schön und gut, hervorragendes Drehbuch, tolle Dialoge, aber wo bliebe denn nun das Happy End? Die Bekannte wies darauf hin, dass die Romanvorlage genau so enden würde wie ihr Drehbuch. Das stimme schon, sagte man ihr, aber so sei die Geschichte eben nicht fernsehtauglich. Als die Bekannte den Kompromissvorschlag ablehnte, der Hauptfigur wenigstens eine Liebesgeschichte anzudrehen, fand die Zusammenarbeit ein jähes Ende.

Während Romane überquellen mit bis zur Verzweiflung einsamen Menschen, kommen diese im öffentlich-rechtlichen Fernsehen, jenseits der spärlichen Dokumentarfilme, kaum vor. Wohl aus der gleichen Sorge heraus, mit der man einem Vergewaltigungsopfer nicht von seiner letzten Eroberung erzählt. Denn die Macher nehmen an, dass der Anteil wirklich einsamer Menschen unter ihren Zuschauern überdurchschnittlich hoch ist.

Den vereinsamten Zuschauern Sendungen mit Einsamkeit als zentralem Thema zu bieten, scheint zu riskant. Zu viele hören auf die Glotze, besonders wenn ihnen sonst niemand etwas sagt. Deswegen darf das Programm nicht zu viele Parallelen mit dem Leben der Zuschauer haben.

Eine Fernsehredakteurin gibt mir im Prinzip recht: »Das Thema ist aus unterschiedlichen Gründen nicht ›hip‹. Das Zauberwort heißt gerade: Kommunikation, die Illusion des überall und ständig In-Kontakt-Seins. Der Zuschauer soll sich auch beim Schauen eines Filmes zu Hause nicht einsam fühlen, sondern vom Sofa aus agieren und mit den Machern in Verbindung treten können, Fragen stellen, seine Meinung äußern. Er soll sich als Teil der virtuellen Gemeinschaft fühlen.«

Ob gerade einsame Menschen mit den Programmmachern via Twitter oder Facebook in Kontakt treten wollen?

Bilder haben nur eine beschränkte Wirkung auf die Einsamkeit, so viel Wirklichkeit sie auch versprechen. Auch verdrängt das Fernsehen die Symptome nur, solange es läuft.

So sieht sie aus, die schöne neue digitale Welt der Einsamkeit: der Fernseher als ein verlässlicher Begleiter und nicht als Aufrührer, als Muntermacher. Eher als Beruhigungs-, denn als Aufputschmittel. Und allein deshalb passt Einsamkeit, die einen auf sich selbst zurückweist, schlecht ins Programm.

Wie bei kaum einem Konsumgut entsteht das Fernsehprogramm aufgrund von selbsterfüllenden Prophezeiungen. Die Macher meinen so lange zu wissen, was man den Zuschauern zumuten kann, bis diese wirklich nichts anderes mehr ertragen. Einsamen Menschen ist demnach nur ein sehr bescheidenes Maß an Einsamkeit zuzumuten.

Der Skepsis gegenüber den authentischen Gefühlen der Zuschauer wird mit einem Übermaß an gespielt übertriebenen begegnet. So viel Wallung eine Schmonzette oder eine Serie auch hervorrufen soll, diese darf doch nie dazu führen, dass der Zuschauer vor lauter Glück oder Verzweiflung den Fernseher ausschaltet.

Und doch gibt es in jedem Programm auch Nischen für Sendungen, die sich dem Diktat entziehen. »Doch Inseln der Ruhe wollen klug durchdacht und im Programm wohl gesetzt sein«, sagt die Redakteurin. »Ruhe darf nicht gleichbedeutend mit Langeweile sein. Es ist eine Frage der Dramaturgie, Einsamkeit zu transportieren.« – Aber braucht sie nicht einfach mehr Zeit, mindestens einen ganzen Film oder einen Roman? So groß er auch sein mag, der Bildschirm bleibt immer zu klein, um sie zu fassen.

Im Internet. In Internetforen für einsame Herzen breitet sich das Selbstmitleid epidemisch schnell aus. Smileys und Ratschläge, die nicht einmal von den Ratschlagenden befolgt werden, entfachen es weiter. Die ohne Maß verstreuten Ich-hab-dich-so-lieb-fetter-Knutscher-Knuddel-Emoticons verstärken die Unverbindlichkeit noch. Es ist nur auf den ersten Blick verwunderlich, dass das Internet als der Ort maximaler Vernetzung gleichzeitig der einzige Ort ist, an dem öffentlich und offen über Einsamkeit gesprochen wird. Erstaunlicherweise wird die digitale Einsamkeit an ihrem Entstehungsort thematisiert. Das funktioniert deswegen gut, weil das Internet Anonymität verspricht (oder suggeriert, je nach Blickwinkel). In ihr kann man sich dem eigenen Unglück stellen, ohne dafür mit seinem Namen zu haften.

Ein ebenso verbreiteter wie hilfloser Tipp in den zahllosen Foren zur Einsamkeit ist, einen Kurs bei der VHS zu buchen. Doch selbst fürs Töpfern reicht als Motivation nicht aus, seine Einsamkeit überwinden zu wollen. Spaß am Töpfern gehört auch dazu. Da Interesselosigkeit bis zur Apathie jedoch ein weitverbreitetes Symptom von Einsamkeit ist, versanden diese Ratschläge, nachdem man sich gegenseitig attestiert hat, dass das wirklich eine gute Idee wäre. Übrig bleibt die durch nichts gesicherte Empfindung, mit seinem Verlassensein nicht allein zu sein. Doch das wärmt nur kurzfristig. So ist es kein Wunder, dass man den meisten Nutzern anmerkt, dass sie das Forum sobald als möglich wieder verlassen wollen. Nur wenige finden hier ihr Zuhause. Diese jedoch mischen sich in fast jedes Gespräch ein, sind die ersten mit dem Töpferkurs-Vorschlag und höchstwahrscheinlich die einsamsten von allen.

Für mich sind solche Foren nichts. Als Einsamer habe ich mehr verdient als billiges Trostfutter. Ich bin mir zu gut für einen Streichelzoo. Wenn ich einsam bin, möchte ich nicht mit anderen Einsamen herumhängen, um gemeinsam zu klagen, wie einsam wir doch sind. Das nimmt der Einsamkeit alles Heldenhafte. Einsamsein und Jammern ist irgendwie jämmerlich. Dann doch lieber Einsamkeit und Schweigen. (Oder mit Clemens Brentano: *Will ich einsam untergehn / Wie ein Schiff in wüsten Meeren.*)

Trotz dieses Unwillens klicke ich mich durchs Netz. Doch zielloses Herumsurfen verstärkt die Einsamkeit. Mir hilft online eigentlich nur, wenn ich auf irgendeine Schachseite stoße, dort eine Partie nachspiele und darüber meine Einsamkeit vergesse.

Die Überfülle an Möglichkeiten schafft eine sonderbare Unwirtlichkeit. Dazu kommt noch das überdeutliche Gefühl, dass jeder Homepage-Macher Erwartungen an meinen Besuch hat, die mit meiner Einsamkeit nichts zu tun haben. Die meisten wollen mir etwas verkaufen: eine Meinung, eine Dienstleistung oder neue Unterhosen. Und selbst wenn es nicht um Geld geht, dann um etwas, das sie dem Besucher voraushaben: eine neue Diätmethode, die allersüßesten Katzenfotos. Etwas, was ich nicht habe. Sie zeigen mir damit erst recht, wie verloren ich bin.

Ich verbiete mir in solch einer mäkeligen Stimmung auch Facebook und Co. Scheinbar gut gelaunte Menschen lachen in irgendwelche Kameras, berichten begeistert von Bergtouren oder Picknicken an Badeseen, grundsätzlich mit anderen unternommen. Und schreibt jemand, dass er gerade wieder im Krankenhaus ist, verschlechtert das meine Laune auch. Trotzdem scrolle ich mich durch die Nachrichtenleiste. Mein Überdruss verkürzt wenigstens den Leidensweg, bis ich die Kiste entnervt ausschalte. Wenn das Selbstwertgefühl schon angeknackst ist, dann sich nicht noch tiefer in den Staub werfen.

Nein, das Internet taugt wenig, wenn man sich einsam fühlt. Als Gute-Laune-Medium ist es perfekt, auch als Informationsquelle, aber als Trostspender fällt es komplett aus. Wenn man das nicht nur weiß, sondern auch beherzigt, kann man die Kiste ja wieder anschalten, um sich abzulenken.

သ

Bücher. Die Einsamkeit erzeugt einen Raum, den man erforschen kann. Darin kann etwas stattfinden, um so etwas zu sortieren, Gewichtungen und Kräfte anders zu verteilen, die Geschwindigkeit zu ändern ... Viel davon geschieht unbewusst. Und um etwas auf dieser Bewusstseinsebene anzustoßen, hilft am besten etwas ganz analog Altmodisches: Bücher.

Wenn mich am Samstag ein Gefühl von Einsamkeit anweht beim Anblick all der beseelt einkaufenden Paare oder weil alle Freunde sich in irgendwelche Seen stürzen oder auf unerreichbar hohe Berge steigen, fahre ich zur Buchhändlerin um die Ecke und erbitte ein Buch wie die Absolution. Eines, in das ich so richtig versinken könnte. Ein

Buch, das mich wegträgt und mich gleichzeitig zu mir zurückbringt.

Meistens gelingt ihr das Kunststück. Dann weiß ich mich ein ganzes Wochenende gewappnet. Manchmal allerdings geht auch das schief, und ich lege das Buch nach wenigen Seiten auf einen stetig wachsenden Stapel. Doch selbst, wenn man sich ärgert, gelangweilt ist, sich über einen altbackenen Tonfall aufregt, geschieht etwas mit einem, man tritt auf magische Weise mit jemandem in Verbindung, der gar nicht da ist. Wahrscheinlich ist es nicht einmal der Autor, sondern ein Fabelwesen aus ihm, den Figuren und der eigenen Vorstellungskraft.

Jedes Buch lebt, es fordert Aufmerksamkeit des Lesers. Viel mehr als eine Sendung im Fernsehen. Man muss sich irgendwie dazu verhalten. (Zum Pathos dieser Sätze beispielsweise.) Ein Buch ringt einem ein Gefühl ab: der Freude oder des Missfallens – und schon dadurch ist man mit etwas verbunden.

Lesen bietet alle erforderlichen Zutaten, um etwas aus der Einsamkeit zu machen. Zunächst einmal sorgt es jedoch für das dazu nötige Alleinsein. Denn beim Lesen bleibt man auf sich gestellt, und falls man es vorher nicht war, spätestens dann, wenn man die erste Seite aufschlägt. Die Bilder formen sich aus den Worten in jedem Kopf auf einzigartige Weise. Bücher gestalten die Einsamkeit, indem sie die eigene verwandeln in Verbundensein mit Figuren, der Sprache, einer Geschichte … Lesen heißt einsam sein, ohne einsam zu sein.

Man spürt das, wenn man in Büchern versunkene Leser beobachtet. Sie strahlen eine Selbstgewissheit aus. Eine unerschütterliche Ruhe, die sofort Sehnsucht aufkommen lässt. Keine noch so gute Werbeanzeige verführt so meisterhaft. Da, wo sie sind, wäre man jetzt auch gerne.

Die Einsamkeit des Lesens spiegelt sich in verheißungsvollen Buchtiteln. Und das nicht erst seit dem Erscheinen von »Hundert Jahre Einsamkeit« im Jahr 1967. Schon Ende des 19. Jahrhunderts nannte Gerhart Hauptmann ein Stück »Einsame Menschen«. Und wenige Jahre vor Gabriel García Márquez veröffentlichte Allan Sillitoe seine Erzählung »Die Einsamkeit des Langstreckenläufers«. (Übrigens alles so lesenswert wie die Short Stories von Richard Yates mit dem Titel »Zehn Arten der Einsamkeit«.)

Lässt man beim Lesen das Buch sinken, zwischen den beiden Welten, unentschieden, in welche man zurückkehrt, erahnt man die Einsamkeit, die einen nach der letzten Seite anwehen wird. Für einen Augenblick wird es sich so anfühlen, als wäre man verstoßen worden.

Doch bei manchen Büchern trägt der Schutz gegen die Einsamkeit weit über die letzte Seite hinaus. Wie lange, hängt davon ab, inwieweit man sich selbst in einer Figur oder – noch nachhaltiger – in einem Autor, seiner Sprache, seinem Blick auf die Welt wiedergefunden hat. Dieses Gefühl, mit seinen Schwierigkeiten und Ängsten und Befindlichkeiten bei aller Einsamkeit doch nicht allein zu sein, überwindet Zeit und Raum. Mir gelingt das verlässlich mit den Romanen von Theodor Fontane. Jedes Jahr im frühen Herbst lese ich einen seiner Romane. Es sind Wiederbegegnungen, mit der Mark Brandenburg, ihren Figuren und meinen eigenen Leseerinnerungen.

Am tröstlichsten ist »Der Stechlin«. Wie man der Einsamkeit und dem Abschiednehmen mit Würde begegnet, sich in die Einsamkeit des Sterbens schickt, wie Fontane vielleicht formuliert hätte, streicht mit unendlicher Sanftheit durch jeden Satz: »und Dubslav war wieder allein. Er fühlte, dass es zu Ende gehe. ›Das ›Ich‹ ist nichts – damit muss man sich durchdringen. Ein ewig Gesetzliches vollzieht sich, weiter nichts, und dieser Vollzug, auch wenn er ›Tod‹ heißt, darf uns nicht schrecken.‹«

Fünfzehn. Vom Umgang
mit Einsamkeit

In der Stammkneipe. Die naheliegendste Reaktion auf Einsamkeit ist, unter Menschen zu gehen. In der Hoffnung, dass sich in deren Gesellschaft irgendeine Art von Verbindung aufbaut. Das muss kein tiefgreifendes Gespräch sein, manchmal reicht schon das Bewusstsein, nicht allein zu sein. Stellt sich das allerdings nicht her, fühlt man sich nur noch einsamer.

Es ist also zweischneidig, aufs Geratewohl rauszugehen. Um die Gefahr zu minimieren, geht man dorthin, wo man nicht ganz fremd ist. So funktionieren Stammkneipen. Mir hat sich deren unschätzbarer Wert erst erschlossen, seit ich so viel über Einsamkeit nachdenke.

An den anderen Stammgästen hat man nach einer gewissen Zeit genauso viel auszusetzen wie an einem Partner. Der eine spricht einem zu laut, der andere erzählt immer die gleichen Geschichten, und die dritte ist einem zu aufdringlich. Geschenkt.

Von den anderen Stammgästen bekommt man nicht viel, man kennt sich auch nur oberflächlich, dennoch verbringt man mehr Zeit mit ihnen als mit manchen Freunden. Sie geben einem eine andere Form von Sicherheit. Hauptsächlich ist es Verlässlichkeit. Die anderen Gäste sind garantiert zu einer bestimmten Zeit an einem bestimmten Ort. Dies ist weniger störanfällig als bei Freunden, die auf einmal abtauchen. Oder aus unerfindlichen Gründen keine Zeit haben. Oder wegen irgendeiner Bemerkung beleidigt sind, die man schon lange vergessen hat.

(Überhaupt wird mir langsam bange vor dem Wort »Freunde«. Es wird zunehmend wie ein Schutzschild gebraucht: Ich fahre zu Freunden, ich verbringe Silvester mit Freunden. Freunde überall. Die Welt wird mit ihnen zutapeziert. Die Angst vor dem Alleinsein schimmert dauernd durch. Schon an der Art, wie »Freunde« ausgesprochen wird, mit demselben Pathos wie »Familie«, schwingt etwas Besänftigendes mit, als wäre es ein Zauberspruch.)

An Freunden wird am meisten geschätzt, dass sie da sind, wenn es einem schlecht geht. Dabei gilt Gleiches auch für Stammkneipenbekanntschaften. Und genau deswegen ist auch die Beziehung zur Stammkneipe nicht frei von Konflikten.

Ein Bekannter zeigte mir neulich die SMS, die er an den Wirt seiner ehemaligen Stammkneipe geschrieben hatte. Er könne sich nicht erinnern, so sagte er, jemals in seinem Leben eine längere Nachricht verschickt zu haben. Nicht einmal an seine Exfreundin, und das wolle etwas heißen. Wenn ich es richtig verstanden habe, hat ein neu eingestellter Kellner ihm gegenüber eine blöde Bemerkung gemacht und der Chef sich geweigert, jenen dafür zu tadeln. Der ausführliche Verlauf ist so ausufernd wie bei jeder Trennungsgeschichte. Und das Leiden daran genauso groß.

Rückzug. Wenn einen die Einsamkeit in Gesellschaft überfällt, hilft oft nur, diese schnellstmöglich zu verlassen. Das Alleinsein kuriert die von anwesenden Menschen hervorgerufene am besten.

Je feierlicher und damit starrer der Anlass der Zusammenkunft ist – eine Hochzeit, ein Empfang, eine Gartenparty beim Chef –, desto anfälliger wird man für Einsamkeit. Besonders gefährdet ist man, wenn man eher zur Peripherie der Eingeladenen gehört. Dann drängt sie sich überfallartig zwischen den Einzelnen und die anderen Gäste.

Gerade habe ich mich noch halbwegs angeregt unterhalten, schon sitze ich alleine vor einem verwüsteten Antipasti-Teller, umgeben von schmutzigen Gläsern und leeren Stühlen. Die Gastgeber sind mit den Zuspätkommenden beschäftigt, ein ehemaliger Kollege unterhält sich blendend ein paar Meter weiter mit seiner Praktikantin. Sofort habe ich den Eindruck, gemieden zu werden. Und siehe da, ein Ehepaar mit vollen Tellern und Gläsern in den Händen dreht kurz vor meinem Tisch ab und setzt sich auf die letzten freien Plätze am Tisch des flirtenden Kollegen. Voller Wehmut denke ich an eine Gartenparty in London, auf der weder der Gastgeber noch sonst wer zugelassen hätte, dass jemand alleine irgendwo sitzt und auf das Geschirr starrt. Aber hier wird ein allein sitzender Mensch eher gemieden, als hätte er eine ansteckende Krankheit. Und ab diesem Moment ist alles zu spät. Beginnt erst einmal der innere Einsamkeits-Monolog, ist er durch keinen Smalltalk mehr zu stoppen.

Warum habe ich mich nur breitschlagen lassen zu kommen? Es war doch klar, dass ich niemanden kenne. – Diese Passage wiederholt sich, jedes Mal gesteigert, bis sie am Schluss lautet: Die anderen, auch wenn ich sie gar nicht kenne, konnten mich eh noch nie ausstehen, und ich sie auch nicht.

Dass mich alle Freunde für einen dauernd kommunizierenden Netzwerker halten, kommt mir gerade vor wie Hohn. Die Diskrepanz zwischen Selbst- und Fremdwahrnehmung fügt dem Gefühl der Einsamkeit noch das des Nichtverstandenseins zu. (Dass die anderen mit ihrer Einschätzung recht haben könnten, kommt mir gar nicht in den Sinn. Als ob ich die Wahrheit über mich gepachtet hätte.)

In meiner Not stelle ich mich zwei Damen am Nachbartisch vor, die schon reichlich dem Alkohol zugesprochen haben. Selbst das Gespräch über die unbefriedigende Wetterlage versandet nach drei Wortwechseln, und jeder starrt wieder auf sein Glas. Dieses letzte Aufbäumen von Geselligkeit hat mir endgültig klar gemacht, dass ich für Empfänge nicht geschaffen bin. Kurzentschlossen breche ich auf, ohne mich zu verabschieden, schlecht gelaunt und voller Selbstvorwürfe.

Eine halbe Stunde später sitze ich in einem Café. Um mich herum genauso viele Fremde, die nicht mit mir reden, wie bei dem Empfang. Dennoch fühle ich mich hier aufgehoben. Was war das vorhin also? Höchstwahrscheinlich ist die Einsamkeit aus der Unzufriedenheit mit mir selbst heraus gewachsen, sage ich mir nun. Die Gäste bei dem Empfang waren bestimmt interessant, nur ich war mal wieder unfähig, mich auf Fremde einzulassen.

Dass ich mich unerträglich finde, beantworte ich damit, dass ich unerträglich bin, wenigstens mir gegenüber. Erlöse mich von mir selbst! Einsamkeit funktioniert wie ein Zerrspiegel. Ein gigantisches Vergrößerungsglas, das alle zweifelhaften Eigenschaften riesig erscheinen lässt.

In ihr gedeiht der Überdruss mit sich selbst. Dieser kommt

wie eine Erkältung aus heiterem Himmel. Eine Freundin erzählte unlängst, dass sie inzwischen voraussagen kann, wann er sie erwischt: »Wenn ich zu viele Kompromisse gemacht habe und irgendwelches Zeugs mache, nur weil irgendwer denkt, das müsste sein. Dann habe ich dieses Brennen im Hals.«

Ich ziehe mein Handy heraus und bedanke mich bei dem Gastgeber des Empfangs für die Einladung. Leider hätte ich wegen einer anderen Verpflichtung schon früher gehen müssen. Dabei hätte ich mich glänzend unterhalten...

Einsamkeit ist oft nur das Symptom. Trotzdem bekämpft man es, als wäre es die Ursache. Das kann nicht funktionieren, zumindest nicht, indem man davonläuft.

Rückzug ist meist doch nur eine Form der Flucht, und nur dann sinnvoll, wenn man sich dadurch der Gefahr wirklich entzieht. Obwohl das bei Einsamkeit nicht immer funktioniert, ist diese an der Tagesordnung.

Eine ihrer beliebten Ausprägungen ist, sich zu verstecken. Viele meinen, es reicht, sich unauffällig zu verhalten, damit sie einen nicht findet. Sie kleiden sich wie alle, sie leben ihr Leben wie alle und hoffen auf diese Weise, von den ganz großen Dramen verschont zu bleiben.

Gerade schwule Paare betreiben das bis zur Perfektion: nur ja nicht auffallen, denn wer auffällt, ist anders und steht damit am Rand. Manchmal übertreiben sie die Anpassung jedoch einen Tick, sodass man sie an den zu schicken Klamotten doch erkennt. Aber solange man daran glaubt, funktioniert auch das Versteckspiel.

Verdrängen. Zwei Männer sitzen sich in der Straßenbahn gegenüber und starren auf ihr Handy. Seit fünf Minuten suchen sie nun schon einen Termin für das nächste gemeinsame Feierabendbier. Schließlich kommen sie zum Ergebnis, dass beide erst in zwei Wochen wieder könnten.

»Das kann doch nicht sein«, ruft der eine scheinheilig aus, »dass man keine Zeit für seinen besten Kumpel hat.«

»Ja, irgendwas ist wirklich faul an unserem Leben. Aber ich muss unbedingt dieses Projekt fertig bekommen. Ab nächstem Monat ist es garantiert ruhiger.«

Beide wissen, dass sie sich etwas vormachen. Nach diesem Projekt wird das nächste kommen und dann das übernächste. Und wenn einer von beiden einmal kein Projekt haben sollte, müsste er sich mit aller Kraft um ein neues bemühen oder wäre so schlecht gelaunt, dass auch kein Treffen zustande käme. Beide wirken glaubhaft unzufrieden mit ihrem durchgetakteten Leben und würden alles tun, damit sich daran nichts ändert. Vor einem Projektloch haben sie den größten Horror, nicht nur wegen des fehlenden Einkommens. Die paar Tage im Jahr, die sie ohne Ablenkung durch Arbeit verbringen, werden sorgfältig umzäunt: Dafür fliegen sie möglichst weit weg, dafür zahlen sie viel Geld ...

Die beiden Freunde beschließen, in der kommenden Woche wieder zu telefonieren. Allein die Option eines Termins beruhigt wie ein echtes Treffen und scheint beide zufriedenzustellen.

Man kann sich von der Einsamkeit in beide Richtungen entfernen: hin zu Menschen oder weg von ihnen in das Alleinsein. Man kann aber auch einfach so tun, als wäre sie nicht da. Verdrängung ist der gängigste Umgang mit Einsamkeit oder der Angst vor ihr. Das bietet sich an, weil niemand weiß, ob sie existiert oder nicht, wenn man sich ihrer nicht bewusst ist. Manche Einsamkeiten verschwinden tatsächlich, andere ziehen sich in ein anderes Stockwerk des Bewusstseins zurück. Oder beides gleichzeitig. Man verschlimmert sie jedenfalls nicht wesentlich, solange man sie ignoriert. Und das ist im Vergleich mit anderen Gefühlslagen nicht einmal wenig. Wenn man sich vor der Trauer davonstiehlt, bezahlt man diese Auszeit mit schlechtem Gewissen. Wenn man vor der Angst den Kopf in den Sand steckt, und sei es auch nur für eine Stunde, kann es sein, dass sie in der Zwischenzeit sogar wächst. Das Schlimmste, was dem Einsamen passieren kann, ist, sich ihr schlagartig bewusst zu werden, sobald er wieder alleine ist. Aber sie ist durch das Verdrängen nicht größer geworden.

Es ist schon deshalb ein probates Mittel, weil man überhaupt etwas tut und sich nicht von der Einsamkeit in Geiselhaft nehmen lässt. Schließlich ist ihre Macht immer nur so groß, wie man ihr zugesteht.

Auf Wanderschaft. Verdrängen und Davonlaufen gehen also als Mittel zweiter Wahl durch, obwohl sie sich nicht mit der Vorstellung vom heroischen Kampf gegen die Einsamkeit vereinbaren lassen. Eine Auseinandersetzung auf Augenhöhe wäre eine hübsche Sache, doch die Einsamkeit ist auch nicht fair, und deswegen finde ich es vollkommen in Ordnung, solange man damit durchkommt. Notlösungen für den Moment, nichts von Dauer – aber was soll's?

Einen Schönheitspreis im Umgang mit der Einsamkeit braucht niemand gewinnen. Wahrscheinlich besteht die eleganteste Methode eh darin, sie nicht zu bekämpfen wie

Kopfläuse im Kindergarten. Sie muss auch nicht überwunden, sondern kann im Gepäck des Lebens mitgenommen werden. Mit ihr durch die Jahre zu wandern kostet weniger Energie, als alle naselang den Rucksack komplett auszuleeren und zu desinfizieren. Entscheidend ist, sie nicht so schwer werden zu lassen, dass man wegen ihr gebückt läuft.

Es gilt allerdings, den richtigen Moment zum Weiterziehen abzupassen. Und genauso, andere weiterziehen zu lassen, nichts und niemand festzuhalten. Also sich über niemand mehr zu ärgern oder zu wundern, der sich nicht mehr meldet. Alte Lieben abzuschreiben wie einen Laptop beim Finanzamt. Amen.

Das klingt erst mal eine Nummer zu groß für mich: Menschen ziehen lassen, das ist so ein frommer Ratschlag, wie er einem in Glücksratgebern um die Ohren gehauen wird. Wie er umzusetzen ist, sagt einem keiner. Was bleibt, ist eine Ahnung, dass es mir dennoch guttun würde. Dass es unnötigen, weil unabänderlichen Schmerz reduzieren würde. Doch es ist gar nicht so einfach, den Kopf Richtung Gegenwart zu drehen.

Wo aber fange ich an? Mal wieder mein Adressbuch löschen? Oder das Handy in die Isar werfen? Alles als ein großes Spiel auffassen, in dem man – wie Schopenhauer forderte – gleichzeitig Zuschauer und Mitspieler ist?

Ich öffne eine Flasche Wein und gieße mir ein Glas ein.

Plötzlich wird mir bewusst, wie viel Wanderer und Spieler gemeinsam haben. Beide kommen nur weiter, wenn sie sich nirgendwo festklammern. Beide müssen einen klaren Kopf behalten: der Wanderer, um den Weg im Blick zu behalten, der Spieler, um die Mitspieler zu beobachten. Beide sind auf ihre Weise allein und doch verbunden mit der Landschaft, mit dem Spiel. Und beide strahlen eine faszinierende Unabhängigkeit aus. Ihnen gelingt, etwas aus der sie umgebenden Einsamkeit zu machen, voranzukommen, selbst wenn sie verlieren oder sich verlaufen.

Durch sein Leben wandern wie ein Spieler. – Das wird mein neuer Leitspruch. Schon ist das Weinglas leer.

Wie tauscht man diese Erkenntnisse nun in die Währung seines eigenen Lebens um? Genau an dem Punkt fangen die Gurus und Glücksratgeberschreiber an zu schweigen und lächeln milde. Dabei murmeln sie etwas wie: Das musst du selbst herausfinden. Und entlassen einen mit einer nicht von der Steuer absetzbaren Quittung, die im Geldbeutel verwelkt.

Aber dieses Mal gebe ich mich mit blutleeren Lebensweisheiten nicht zufrieden. Dieses Mal möchte ich daraus etwas für mein Leben machen. Auch auf die Gefahr hin, dass ich nach ein paar Tagen entnervt zu alten Verhaltensmustern zurückkehre.

Einsamkeit verleitet einen zu Höhenflügen und Entschlüssen, die man in Gegenwart anderer sofort zurücknehmen würde. In der Einsamkeit kann man sich an sich selbst berauschen, mit Wein geht es noch schneller.

Alkohol ist ein guter Freund aller Einsamen. Er verspricht zwar mehr, als er am Morgen danach halten kann, aber im Gegenzug nimmt er der Einsamkeit erst mal die Härte.

Nach dem zweiten Glas verliere ich den Faden. Das darf keinem Wanderer und auch keinem Spieler passieren. Sie müssen nüchtern bleiben und dürfen sich nur an ihren Siegen berauschen.

Ich möchte durchlässig bleiben und durch mein Leben wandern wie ein nüchterner Spieler. – Das klingt wie eine Kampf-dem-Alkoholismus-Kampagne des Gesundheitsministeriums.

Was wollte ich vorhin? Mein Handy wegwerfen? So ein Quatsch! Die ganze Sache ist mir schon jetzt peinlich. Wie wird das dann erst morgen sein?

Sechzehn. Einsamkeit und Liebe

Singledasein. »Da bin ich lieber alleinstehend, als dass ich in einer Beziehung einsam bin«, sagt die Kellnerin und steht auf. Eine gute Viertelstunde hat sie nun ohne Punkt und Komma auf einen anderen Stammgast eingeredet. Hauptsächlich referierte sie einen Beziehungsratgeber, der ihr unglaublich viel gegeben hätte. Ich hörte die ganze Zeit gespannt vom Nachbartisch aus zu und wartete darauf, dass sie irgendwann erzählt, wegen wem sie den Beziehungsratgeber gelesen hatte. Leider vergeblich, denn sie beschränkt sich auf allgemeine Beschreibungen und Maximen. Selbst bei allem, was sie an sich selbst entdeckt hatte, blieb sie unverbindlich. Ihr gehe es beispielsweise in Zukunft darum, nicht immer in die gleichen Pfützen zu tapsen, daran würde sie verstärkt arbeiten.

Wahrscheinlich steht die abschließende Erkenntnis auch in ihrem Buch: Besser alleine als schlecht liiert. — Eine gut klingende Ratgeberweisheit, an die sich niemand hält. Eine Beruhigungstablette für alle Singles und die kurz davor. Die meisten Paare tragen ihr Paarsein vor sich her wie eine Monstranz. Wollen sie damit den Dämon Einsamkeit bannen?

Ausnahmslos alle Verpartnerten, mit denen ich mittlerweile gesprochen habe, behaupten voller Inbrunst, dass es nichts Schlimmeres gebe als die Einsamkeit in einer Partnerschaft. (Getreu Erich Kästner: *und am Schlimmsten ist die Einsamkeit zu zweit.*) Jeder bekannte sich zu dem Moment, während dem der Partner, die Partnerin einem auf einmal so unendlich fremd vorgekommen war. Auf die Frage jedoch, warum sie dann nicht alleine leben würden, antworteten sie: »Das wäre noch schlimmer.«

Ein Experiment. Alle paar Monate überkommt mich die Lust nach einer spirituellen Erfahrung. Diesmal in Form einer offenen Meditationsgruppe. (Geständnis in Klammern: Eigentlich gehe ich nur in der Absicht hin, jemanden kennenzulernen. In Hollywoodkomödien funktioniert das doch auch! Und alle Flirt-Ratgeber empfehlen so etwas.)

Der Leiter der Meditationsgruppe stottert ganz entzückend und tut nicht einmal so, selbst erleuchtet zu sein.

»Wir probieren es heute mal mit der Affirmation«, stellt er mit einem Fragezeichen in den Raum. Da niemand protestiert, fasst er zusammen, was er darüber gelesen hat. Danach verteilt er Zettel und Kugelschreiber. Jeder der fünf Anwesenden – ein Paar und drei Singles, doch niemand für mich dabei – soll nun einen Begriff darauf schreiben, den wir uns während der Meditation ununterbrochen vorsagen sollen.

Zuerst probiere ich es mit »gesund«, aber das scheint mir zu naheliegend. Also wechsle ich auf halber Strecke das Pferd und nehme aus Trotz – auch nicht origineller – »Liebe«. Das kommt mir angesichts meiner heimlichen Absichten angemessener und in seiner Unbestimmtheit auch unverfänglicher vor. Sonst passiert nichts. Wir sitzen eine halbe Stunde bei Kerzenschein und einlullenden Klängen im Kreis und repetieren unseren Begriff. Um den so sympathisch unfähigen Meditationsgruppenleiter nicht zu enttäuschen, schwören wir am Ende unisono, die Übung bis ans Ende unserer Tage fortzusetzen.

Am Tag darauf ist mir das bloße Repetieren des Wortes allerdings zu wenig. Ich platze fast vor Übermut und Tatendrang. Also weite ich beim Einkaufen die Übung auf eigene Faust aus. Jeder Passant bekommt ein »Liebe« hinterhergeworfen. Dabei achte ich darauf, nicht einmal die Lippen zu bewegen. Egal welches Aussehen, egal welches Geschlecht, welches Alter. Selbst das stellt eine Verbindung her, eine recht einseitige zwar, und auch ein wenig übergriffige, doch sie ist spürbar. Ein bisschen so, als würde man einer Partybekanntschaft wiederbegegnen, die einen nicht mehr erkennt.

Ich steigere mich regelrecht hinein, den Passanten Liebe an den Hals zu wünschen. Im Supermarkt verfeinere ich die Übung, indem ich große, gigantisch große und eher mittelgroße Portionen Liebe verteile. Die Hübschen bekommen naturgemäß die XXL-Packungen, Mütter mit plärrenden Kindern die kleinen. Merkwürdigerweise verfestigt sich rasch der Eindruck, dass man nun anders mit mir umgeht. Ein Verkäufer führt mich nacheinander zu fünf verschiedenen Regalen, nur damit ich die ganze Bandbreite des Angebots an unterschiedlichen Suppen sehe. Eine Frau, der ich den Weg für ihren Einkaufswagen freimache, sagt nicht einfach Danke, sondern: »Das ist aber lieb von Ihnen.« Man lässt mich vor, man weicht mir aus. Man nimmt mich wahr.

Am Abend im Bett habe ich die Eingebung, die Liebeserklärungen auf meinen Körper auszudehnen: die Beine, die

Blase, alle werden mit einer Liebeserklärung bedacht. Zufrieden mit mir und der Welt schlafe ich ein.

Der Haken an der Übung zeigt sich am nächsten Morgen. Liebe kann man nämlich nur verteilen, wenn man welche zu geben hat. Das linke Bein zittert, als würde es gleich erschossen. Entsprechend schlecht gelaunt stehe ich auf. Da es in der Wohnung bitterkalt ist, flüchte ich in mein Stammcafé. Dort sind mir aber an diesem Tag samt und sonders alle Gäste unsympathisch. An jedem habe ich etwas auszusetzen, bis auf die Kellnerin mit dem Beziehungsratgeber. Aber ihr Liebe zu wünschen, wäre irgendwie unanständig. Und schon ist die Verbindung mit allen anderen zusammengebrochen. Sie gehen mich nichts mehr an. Von meinem renitenten Körper ganz zu schweigen.

Was für ein Dilemma: Wenn es einem gutgeht, man also nicht einsam ist, dann ist man mit allem verbunden, und wenn man es braucht, geht gar nichts. Nun gibt zwar das linke Bein Ruhe, dafür zittert aber das rechte.

Wieder daheim donnere ich, mit einer Hand den Rollstuhl steuernd, gegen den Türrahmen. Statt zu fluchen, versuche ich es trotzdem mit einem krächzenden: »Liebe!« Laut ausgesprochen klingt es so merkwürdig, dass ich lachen muss. – Vielleicht auch eine Möglichkeit, mit Einsamkeit umzugehen. Sich selbst nicht so ernst nehmen. (Ob ich mir das merken kann?)

Ein paar Tage später stelle ich die Übung ohne greifbare Ergebnisse endgültig ein. Erst da fällt mir wieder ein, dass ich ja ursprünglich ausgezogen bin, einen Mann zu finden. Stammt daher mein Unbehagen, mich mit dem einsamen Singledasein (nach allgemeinem Dafürhalten heißt das: etwas mehr als bloße Existenz, aber deutlich weniger als richtiges Leben!) näher zu beschäftigen? Zum einen liegt es wohl daran, dass ich geradezu narkotisiert bin von den in Fernsehserien und Glossen ausgebreiteten Binsenweisheiten. Um nicht darin unterzugehen, verteidige ich mein Single-Einsamsein. Andauernd wird einem suggeriert, dass es sich letztlich doch um einen minderwertigen Zustand handelt, der überwunden werden muss. Genau so wird mit der Einsamkeit generell umgegangen. Sie wird verklärt und verflucht gleichzeitig, aber letztlich sollte man sie überwinden. Dabei will ich nicht dauernd etwas überwinden. Was jedoch dadurch erschwert wird, dass selbst die Sehnsucht einem aus den Händen gerissen und hübsch verpackt zum Kauf angeboten wird.

Einstweilen halte ich mich mit schalen Witzchen und Sarkasmus von dem Thema fern.

In Stockholm. Von der mir seit Jahren angepriesenen Offenheit der Schweden habe ich bislang nichts gespürt. Vielleicht liegt das auch daran, dass die Stadt voller Fremder ist. Alle Schweden scheinen ausgeflogen zu sein. Und merkwürdigerweise macht das Tourist-Sein die meisten Menschen nicht offener für Begegnungen, sondern bewirkt eher das Gegenteil.

Antonia, mit der ich unterwegs bin, hat sich ins ABBA-Museum abgeseilt, sodass ich einen Nachmittag auf mich gestellt bin – oder Zeit für mich habe, je nach Stimmung… Nachdem ich ein paar Stunden planlos herumgefahren bin, fällt mir die Empfehlung einer Bekannten für ein Café auf einer anderen Insel ein.

Der Weg dahin scheint klar. Schon seit dem dritten Tag

der Reise bilde ich mir ein, alle Schiffsverbindungen auswendig zu kennen. Außerdem traue ich mir zu, ohne Hinschauen alle Unebenheiten des Pflasters und jeden kaputten Lift umfahren zu können. Auch weiß ich genau, welche Ampel man nehmen muss, um ohne Stufen zur Anlegestelle der Liniendampfer zu kommen. Kurz und gut, ich meine, mich in Stockholm besser auszukennen als jeder Schwede.

Ein Irrtum, denn ich ahne nicht einmal, dass es verschiedene Schiffsmodelle gibt. Mit unterschiedlich hohen Rampen beim Ein- und Ausstieg… In meiner Unwissenheit katapultiere ich mich mit großem Schwung aus dem Rollstuhl an Bord. Auf dem Deck liegend versuche ich, die verknoteten Beine zu entwirren. Schmerzen spüre ich keine, aber das muss nichts heißen. Auch ist kein Blut zu sehen, das ist schon einmal das Wichtigste.

Zwei Männer heben mich mit einigen Mühen zurück in den Rollstuhl. Ein Dritter hält diesen zwar nur, erkundigt sich dafür zunächst auf Englisch, dann auf Deutsch eindringlich, ob es mir gutgehe und bietet an, mich zu begleiten, wo immer ich auch hinwolle. Ein Schweizer mit entfernter Verwandtschaft in Schweden.

Und schon hat die Einsamkeit ein neues Gesicht.

Ein besonders hübsches sogar.

Verliebtsein. Warum hat einem niemand beigebracht, wie man mit der eigenen Unsicherheit als Verliebter umgeht? Und warum komme ich schon zu Beginn genau von den Übersprunghandlungen nicht los, auf die ich auch am Ende einer Affäre verzichten könnte? Dieses manische auf das Handy Starren, diese ständig wiedergekäuten Gedanken, was ein hingeworfenes »Bis bald« wohl bedeutet … – Übergangslos verhalte ich mich genau so, wie ich es bei anderen noch vor ein paar Tagen lächerlich gefunden hätte. Es ist dieses leidige Gretchen-Backfisch-Gefühl, getränkt in Einsamkeit und Selbstmitleid.

Wie lange geht das schon so? Ich habe jedes Zeitempfinden verloren. Dabei behauptet mein Kalender, ihn erst vor einer Woche kennengelernt zu haben. Und schon sitze ich wieder in München und er in Zürich. Wie schnell man doch bereit ist, das »Ich«, um das sonst alle Gedanken kreisen, durch ein »Du« zu ersetzen.

Kaum habe ich meine Ungeduld notdürftig gezügelt, sehe ich eine Schlagzeile über den zu frühen Tod eines Schauspielers, und schon denke ich voller Panik: Man darf keinen einzigen Tag nutzlos verstreichen lassen. Alles muss der Liebe untergeordnet werden.

Wer hat mich so indoktriniert, dass das für mich mit Abstand das wichtigste Thema ist, nicht Macht, nicht Geld, nicht Glück? Immer nur diese verdammte Liebe. Die vielen Bücher sind schuld. Lesen fördert die Herzensbildung, wohl wahr. Aber so ein Herz möchte dann auch versorgt werden …

Ich warte auf Antwort. Ich warte vergeblich. Schon seit fünf Stunden. Das kann sich länger anfühlen als hundert Jahre Einsamkeit. Nie liebt einen jemand genau so, wie man geliebt werden möchte. Immer ist es in der Wirklichkeit ein wenig anders. Weniger deutlich spürbar, zerbrechlicher. Ganz aufgehoben fühle ich mich nur in seltenen Momenten. Und selbst in die Träumereien mischt sich die verzagte Frage, ob er der Richtige ist.

Die Erkenntnis, dass die Liebe hauptsächlich im eigenen

Kopf stattfindet, gibt mir einen Stich. All die Erwartungen, Hoffnungen, Träumereien – nichts ist durch Äußerungen oder Handlungen mir gegenüber wirklich gedeckt. Um nicht zu verzweifeln, muss ich mir die Welt schon arg zurechtrücken. Jede SMS will Wort für Wort übersetzt werden. Liebe kann auch sehr einsam machen. Denn man nimmt von der Welt um sich herum nicht mehr so viel wahr. Ich fühle mich wie abgeschnitten von allem, und dann auch noch von dem einen … Doch wenn man die Tür von innen verschlossen hat, braucht man sich nicht zu wundern, dass niemand kommt. Warum ist dieses Verliebtsein nur so wahnsinnig anstrengend?

Langjährige Beobachtungen haben ergeben, dass alles auf merkwürdige Art miteinander zusammenhängt. Das heißt, wenn »Er« nicht antwortet, antworten auch alle anderen nicht. Wenn er nicht nach München kommen möchte, hat auch sonst niemand für mich Zeit. Dann herrscht überall Ebbe in der Kommunikation. Die einzige Hoffnung besteht darin, dass auch das Gegenteil gilt: Sobald er sich meldet, melden sich auch die anderen.

Was ist das nur für eine merkwürdige Angst: ein Gebräu aus Verzweiflung (Er hat kein Interesse mehr), Dramatik (Jetzt ist alles aus) und Verbiesterung (Ich habs mir ja gleich gedacht, dass das so enden wird). Dieses Gefühl ist mit einer leichten Übelkeit verbunden. Freilich gelingt es für Stunden, es mit Selbstermahnungen in Schach zu halten, aber nach jedem vergeblichen Blick auf das Handy taucht es wieder auf.

Wäre das Verliebtsein nicht so hartnäckig, wäre Christa arbeitslos. Sie ist Lektorin für Frauenromane. Wobei sie erzählt, dass gerade die Schmonzetten aus der Mode kommen, dieses Warten-auf-den-Traumprinzen, und es jetzt mehr um die Suche nach der eigenen Identität gehe, auch in Frauenromanen. Selbst die sind mir also voraus.

Auf einmal sehe ich mich selbst, das Handy in der Hand. Mit hängenden Schultern und unstetem Blick, wahrlich keiner, den man gerne treffen würde. Ich sehe vielmehr einen Menschen, der sich fast alle Anlässe zur Verzweiflung selbst geschaffen hat: Dass für mich sofort die Liebeswelt zusammenbricht, wenn ich nicht sofort Antwort bekomme, dass ich über meine SMS länger nachdenke als über seine, dass sich mein Bick auf die Welt verengt hat bis zu Blindheit – all das bin ich. Es hat mit der Schweiz nichts zu tun.

Mein Problem ist, dass ich der Liebe zu viel Bedeutung beimesse. Für sie würde ich alles tun. Das mögen Männer nicht. Nach allem, was man so hört, sind sie im Allgemeinen gegen die Launen des Verliebtseins immuner als Frauen. Und dann ist mit einer SMS auf einmal alles ganz anders.

Doch die Erleichterung hält nur einen halben Tag vor. So gierig und unersättlich, als gäbe es kein Morgen, bin ich doch sonst nicht. Wieder vermischen sich Selbstmitleid und Selbstekel auf missliche Weise. Ich bin damit so beschäftigt, dass ich mich nicht einmal mehr einsam fühle.

Stille erschreckt mich. Sie beunruhigt mich. Ich brauche den Lärm von sorgfältig versteckten Liebeserklärungen, von geheimen Zeichen, von Treffen, von Kontakt. Sonst glaube ich nicht daran. Die gemeinsame Einsamkeit zweier voneinander getrennter Menschen halte ich schwer aus.

Brauche ich das wirklich? Vielleicht geht Liebe auch ohne Liebestheater. Feuerwerke zu planen und abzufackeln macht mir Spaß, und ich bin gut darin. Aber wenn ich ganz aufrichtig bin, muss ich gestehen, dass ich mich selbst am meisten daran erfreue. Meine eigenen SMS lese ich lieber als die des Zürichers (meine sind eben sorgfältiger komponiert, vielschichtiger, kleine Kunstwerke. Und bekomme ich dafür keinen Beifall, kippt die Stimmung). Irgendwie bin ich zum ersten Mal im Leben der eigenen Aufführung überdrüssig. Besser gesagt, sie entspricht mir nicht mehr. Ohne zu wissen, was stattdessen auf dem Programm steht. Als hätte jemand mit einem gänzlich anderen Geschmack die Theaterleitung übernommen. Kommt das alles vom vielen Nachdenken über Einsamkeit?

Ich benötige kein Theater mehr. Der Gedanke ist völlig neu für mich. Bis vor Kurzem hätte ich ihn zurückgewiesen und gesagt: Ohne Theater ist es auch keine Liebe. Nun bin ich bereit, ihn wenigstens zuzulassen. Es braucht keiner dauernden Bestätigungen, wenn sich zwei Menschen mögen. Im Gegenteil. Vor allem braucht es keinen Despoten, der unentwegt »Auftritt!« in die Kulissen schreit.

Diese neue Ruhe halte ich zwar nur für eine halbe Stunde durch, dann denke ich doch wieder darüber nach, was ich beim nächsten Telefonat andeuten werde oder gerade nicht andeute. Und ob und wie ich von meiner neuen Haltung erzähle, und welche Vorteile sie mir vielleicht bringt. Trotzdem, die halbe Stunde fühlte sich sehr angenehm an.

Manche Freunde werden nun sagen: Willkommen in der Realität. Und die ganz besonders harten: Es kann sich eben nicht alles um dich drehen. – Aber das Leben ist nicht grau, es braucht das Theater, die Farben, habe ich ihnen sonst auf solche Vorhaltungen entgegengehalten. Vielleicht gelingt es ja, beides zu verbinden, nur wie? Eine farbige, sprudelnde Stille. Nannte man nicht genau das früher »Sehnsucht« und malte sie aus in den schönsten Farben eines Aquarellkastens? Als man noch nicht mal schnell eine SMS schreiben konnte oder auf eine Antwort warten. Als man noch Brieftauben losschickte oder eine Flaschenpost. Die konnten das größer inszenieren, waren nicht so auf Hysterie angewiesen wie ich. Für die große Aufwallung bleibt zwischen zwei SMS keine Zeit. Wie kann man sich also die Sehnsucht zurückerobern, ohne sich selbst zu kasteien, indem man das Handy wegsperrt?

Siebzehn. Beziehungen und Einsamkeit

Einsame Paare. Am Nachbartisch unterhält sich ein Paar, beide um die dreißig. Zunächst geht es darum, dass ihre Freundinnen die Idee mit der Hochzeit nicht so toll finden, sogar eher abgeraten haben, und das einhellig. Wohingehend seine Jungs das ebenso einmütig begrüßt hätten. Trotz ihrer intensiven Nachfragen möchte oder kann er aber nichts Genaueres erzählen, wohl weil es auch keine näheren Begründungen gab. Das Gespräch versandet.

Schließlich erzählt sie von ihrem Wochenende. Er schweigt. Dann spricht er ausufernd von einem Kumpel, den sie nicht kennt. Was für ein extremer Typ der sei, und zählt dessen bevorzugte Extremsportarten auf. Nebst den dazugehörigen Unfällen und Verletzungen. Sie schweigt. Daraufhin berichtet sie ausufernd von ihrem Shopping-Ausflug mit einer Freundin. Er schweigt. Am Ende zahlt er, obwohl er nach eigener Aussage schon die letzten Male gezahlt hätte und jetzt sie dran wäre. Wahrscheinlich würden sie trotzdem zu Protokoll geben, sich an dem Abend gut miteinander unterhalten zu haben.

Ich weiß nicht, ob sie jetzt schon einsam sind, aber ich befürchte, dass sie es wären, wenn sie einander nicht hätten. Vielleicht werden sie es nie merken, oder erst in zwanzig Jahren, aber bis dahin werden sie im Gefühl leben, den Richtigen an ihrer Seite zu haben. Ich bin für die Hochzeit, ganz eindeutig.

Studien sind meine Sache nicht. Ehrlich gesagt finde ich die meisten eher albern und konstruiert. Dennoch hat sich das Ergebnis einer so eingebrannt, dass ich fast jeden damit konfrontiere. (So oft, dass ich nicht einmal mehr weiß, wo ich sie gefunden habe. Vielleicht habe ich sie auch erfunden.) Sie behauptet, dass die einsamsten Menschen verheiratete Frauen um die fünfzig mit Kindern wären. Keine Ahnung, ob das stimmt. Niemand widerspricht meiner Behauptung oder fordert zumindest einen Beleg. Im Gegenteil. Alle nicken, denn jedem leuchtet es sofort ein: Logisch, sagen alle, die Wechseljahre, das Sexleben ist eingeschlafen, der Mann hat eine Affäre mit seiner Sekretärin…

Dabei müssen die Gründe gar nicht so plakativ sein. Es reicht doch, dass die Mutter jahrelang ohne Anstrengung andere Eltern kennengelernt hat. Immer hatte man ein gemeinsames Thema: den Kindergarten, die Schule, die Ausbildung der Kinder. Seit diese das Haus verlassen haben, fällt das weg. Dazu kommt der Eindruck, von den Kindern nicht mehr wie früher gebraucht zu werden, manchmal sogar weggestoßen zu werden. Wenn sie jede Hilfe ohne Begründung zurückweisen, wirkt das im Augenblick sogar schmerzhafter, als keine Kinder zu haben.

Je intensiver man sich in die Situation von Müttern mit gerade erwachsenen Kindern hineindenkt, desto weniger erstaunlich ist der Befund, dass sie am Gefährdetsten sind für Einsamkeit. Sie tritt oft in Phasen des Übergangs auf.

Auch eine Beziehung bietet da keinen unüberwindbaren Schutzwall gegen die aufsteigende Einsamkeit. Wie auch, denn diese kommt ja von innen und umschließt nicht nur die eigene Existenz, sondern auch noch die des Partners. Warum sollte sie sich auch von einem anderen Menschen abhalten lassen, nur weil dieser einem nahe ist? Nähe allein bedeutet noch nicht, dass eine Verbindung besteht. Im Gegenteil, zu große Nähe ist manchmal nur durch innere Distanzierung zu ertragen.

Spannender ist deswegen die Frage, warum fast jeder Single denkt: Hätte ich nur eine Beziehung, wäre es mit der Einsamkeit ein für alle Mal vorbei. Diese Hoffnung bestätigt sich allerdings nur in der Anfangszeit jeder Partnerschaft. Solange man der Überzeugung ist, dass diese einen unverwundbar macht. Schließlich drängt das Glücksgefühl alles andere an den Rand, mitsamt der ganzen Welt und ihren Problemen, darunter auch die Einsamkeit. Erst allmählich stellt sich heraus, dass dieser andere Mensch bei aller Vertrautheit doch ein Fremder bleibt, im gleichen Maß, wie man sich selbst fremd ist. Oder sich zumindest nicht immer versteht.

Man kann jemandem ganz nah und gleichzeitig unendlich fern sein. Die Herausforderung ist, diesen Widerspruch wie die anderen auszuleben, und nicht etwa, ihn aufzuheben. Es entzieht sich zwar der Logik, die immer nur eines zulässt. Doch die Wirklichkeit hat mit Logik meist wenig zu schaffen. (Genau deswegen kann ich mit Studien so wenig anfangen.)

Auch in Beziehungen kommt und geht die Einsamkeit. Es gibt diese Momente größter Distanz genau wie die größter Nähe. Man muss darüber nicht erschrecken. Sie ist auch kein Symptom des drohenden Zerfalls einer Partnerschaft. Dennoch ist es schwer, gerade darüber mit dem anderen zu sprechen. Die Einsamkeit des Partners verletzt und erzeugt sofort eine eigene. Ihm oder ihr gegenüber könnte man noch so eindringlich ins Feld führen, dass es nur die eigene Einsamkeit ist, der andere würde es doch auf sich beziehen. Sich als den Verursacher empfinden, die Schuld bei sich suchen. Als gäbe es eine Verpflichtung, den anderen in einer Beziehung vor allem Unglück zu bewahren.

Diese Einsamkeit zeichnet sich dadurch aus, dass man meint, der andere würde einen nicht mehr verstehen. Der Partner ist einem fremd geworden. Er oder sie macht etwas ganz Banales, putzt sich die Zähne, zieht sich Socken an, und plötzlich ist diese Empfindung da: Wer ist das eigentlich? – Das Erschrecken hält nur ein paar Augenblicke. Aber die sind grausam kalt. Dabei ist das Paradoxe, dass genau dieser Mensch und kein anderer einen in der eigenen Einsamkeit verstehen müsste. Nur ihr/ihm möchte man es mitteilen und kann es nicht. Eine Freundin ist kein gleichwertiger Ersatz. Es gibt niemand, der sie einem abnehmen kann. Und in dieser Einsamkeit schwingt Überdruss mit, die vielen gemeinsam verbrachten Jahre, die Abnutzungserscheinungen, die sich wiederholenden Muster und immer gleichen nervenden Streitereien. Es ist ein der Langeweile sehr verwandtes Gefühl. Der Überdruss darüber, dass sich scheinbar nichts ändert. Dabei ist doch diese Einsamkeit neu, irritierend, aber das zählt nicht. Viele Seitensprünge sind nicht nur die Folge eines erotischen Kitzels, sondern dieser Einsamkeit.

Da hilft nur, auch diese genau anzuschauen, dabei gelassen zu bleiben. Und zu entdecken, dass damit ein neuer Gefühlston in die Beziehung gekommen ist, beileibe kein angenehmer. Aber einer, der sie bereichert um etwas, das zum Leben gehört. – Auf so etwas kommt wahrscheinlich nur ein Single …

Und schon ist das mit dem Verliebtsein wieder vorbei. Erst kamen die Missverständnisse, dann die Erwartungen, dann das Schweigen und schließlich das Ende. Ich fahre durch München, mutterseelenallein. Die Einladung bei einem Freund habe ich abgesagt. Was soll das alles noch? Immer wieder dieser furiose Beginn und dieses jämmerliche Ende. Die Einsamkeit der Verknalltheit hat ihren Glanz verloren, sie ist matt und riecht nach den Jahren des Alleinseins.

Die des Verschmähten ist so schmerzhaft, weil niemand sie lindern könnte außer der Person, die das eben nicht mehr will oder kann. Man muss sich erst wieder freistrampeln. Normalerweise bedeutet Einsamkeit, dass die Leitungen zu Mitmenschen oder sich selbst beschädigt sind. Wenn man aber verlassen wurde, funktionieren die Leitungen noch, aber nichts fließt darin. Das macht sie so schmerzhaft.

Ausflüge in die digitale Einsamkeit. Ich chatte in den folgenden Wochen zu viel. Immer in dem Wissen, dass mich das nicht kurieren wird von meiner Traurigkeit. Anscheinend brauche ich die Bestätigung, dass jemand da ist. Denn der Inhalt der Plänkeleien interessiert mich eigentlich nicht, auch die Männer selbst möchte ich eigentlich gar nicht sehen.

Einer der Herren hat sein Profil überschrieben mit: »Einsamer sucht Einsamen zum Einsamen«. Mehr kann man wohl von einem Chatforum nicht erwarten.

Spannender als die einschlägigen blauen Seiten finde ich Chatroulette. Per Zufall wird man in irgendein Wohn- oder

Schlafzimmer dieser Welt katapultiert. So treffe ich auf einen jungen Pakistani. Er studiert Medizin. Chatten könne er nur, wenn seine Eltern bereits schliefen. Um nicht durch eine erzwungene Unterbrechung voneinander getrennt zu werden, skypen wir.

Was er über die Lage in seinem Land, aber auch über seine erzählt, wirkt trostlos. Die Familie erwartet von ihm, dass er sie später einmal ernährt, und geht deshalb ganz selbstverständlich davon aus, dass er nichts tut, was ihren Erwartungen zuwiderlaufen würde. Beispielsweise seine sexuelle Orientierung ausleben. Deswegen wird er wohl irgendwann eine Frau heiraten, behauptet er mit einer fast schon beängstigenden Abgeklärtheit und versichert mir unmittelbar darauf, wie sehr er mich lieben würde. Nichts glaube ich ihm. Er werde, so behauptet er, meine Sprache lernen und die erste Gelegenheit ergreifen, um nach Deutschland zu kommen. Ich bin selten so ratlos gewesen, was ich mit seinen Beteuerungen anfangen soll, und fühle mich schuldig: für meinen Wohlstand, meine Freiheit, meine Sorglosigkeit vor der Zukunft. Ein Verlorener in einem verlorenen Land. Abgeschnitten von allem, was mir wichtig ist. Ohne Anschluss. Es ist eine Einsamkeit, die alle anderen übersteigt. Oder projiziere ich das nur auf ihn und sein Land? Ihn direkt zu fragen, traue ich mich nicht.

(Gibt es also auch einsame Länder? In Europa vielleicht Portugal und Ungarn. Oder Serbien. Der Weltschmerz speist sich aus der Verklärung alter Größe. Und dem Gefühl, vom Schicksal und den großen Nachbarn ungerecht behandelt worden zu sein. Oder außerhalb dieses Kontinents diktatorisch verschlossene Länder wie Nord-Korea, oder von Krisen gezeichnet wie Syrien oder eben Pakistan.)

Zwei Wochen später berichtet er, dass der beste Medizinprofessor seiner Universität ermordet wurde. Er spricht von ihm voller Trauer und gleichzeitig mit Hochmut und einem eigenartigen Stolz gegenüber meinem Erschrecken. »So etwas kommt eben vor in meinem Land.«

Außerdem habe er jetzt begonnen, Deutsch zu lernen. Diese Widersprüchlichkeit aus Revolte und Anpassung, Verzweiflung und Resignation, Sehnsucht und Zynismus macht ihn vollkommen unnahbar.

Manche Einsamkeiten sind so groß, dass ihnen mit Gesprächen, mit Anteilnahme, mit Interesse nicht beizukommen ist. Mehr um ihn als mich vor einer Enttäuschung zu bewahren, lösche ich den Kontakt. Ich kann ihm nichts bieten, außer in seinen Träumen als Retter aufzutreten. Und da gibt es geeignetere Kandidaten.

Rastlos chatte ich weiter, von Profil zu Profil. Ich merke mir nicht einmal mehr die Namen, und zweimal ist es schon vorgekommen, dass ich mich nicht einmal mehr an irgendwelche Treffen in der Vergangenheit erinnern kann.

Ich gebe wie so viele vor, Sex zu suchen, doch wenn es so weit kommt, schildere ich meine Behinderung in so schrillen Farben, dass es schon deswegen nicht klappt. Hilft auch das nichts, spiele ich den durchgeknallten Künstler.

Das Chatten eröffnet ein Übermaß an Möglichkeiten. Wäre nur eine überschaubare Anzahl an Partnern vorhanden, würde man sich wahrscheinlich besser überlegen, mit wem man es sich verscherzt. Aber so hält sich wenigstens die Illusion, dass der Strom an möglichen Partnern nie versiegen wird. Obwohl er natürlich mit dem Alter immer schmaler wird. Aber an dem kann man ja zumindest virtuell was drehen...

Kann ich an meiner Chat-Hemmungslosigkeit ablesen, wie einsam ich wirklich bin? Das Ergebnis wäre alarmierend. Vielleicht ist es gar keine echte Einsamkeit, sondern nur die Leere, die ich damit aufzufüllen hoffe.

Als mir das klar wird, lösche ich mein Chatprofil. Danach meine ich, dass es mir besser geht. Aber selbst das weiß ich nicht mit Bestimmtheit.

Nach der Einsamkeit. Lange habe ich geglaubt, die tiefste Einsamkeit wäre das Schlimmste. Dabei kann nach ihr noch etwas viel Gefährlicheres kommen. Sie führt einen nicht zwangsläufig irgendwann zurück ins Leben, sondern lässt einen manchmal dort zurück, wo gar nichts mehr ist. Selbst die Einsamkeit hat einen verlassen in die völlige Leere. Schon der Gedanke daran lässt mich zusammenzucken.

Die Einsamkeit kommt wenigstens mit ihren Geschwistern, den hässlichen wie der Angst, der Scham, dem Zorn, aber auch mit ihren ansehnlichen, der Sehnsucht und der Freiheit. Durch sie wird man mit allen möglichen Gefühlen angefüllt. Doch die Leere, die sich nun in mir ausgebreitet hat, ist noch viel bedrückender. Die Einsamkeit kann einen wie ein Sturm umpusten und fordert Wachsamkeit. Die absolute Windstille jedoch lässt alles verdorren.

In dieser Ödnis wächst nichts mehr, nicht einmal mehr die Hoffnung, dass hier jemals noch etwas wächst. Man fühlt keinen Durst mehr, man leidet auch nicht mehr daran. Kein Schmerz, nichts. Es ist wie kurz vor dem Erfrieren. Gleichgültigkeit und Fühllosigkeit sind schlimmer als Einsamkeit, weil sie dem Verlorensein nicht einmal mehr eine Richtung geben. Diese Leere ist die abgeerntete Einsamkeit.

In ihr wünscht man sich klammheimlich sogar wenigstens einsam zu sein. Und irgendwie zurückzufinden ins Leben.

Zwei Monate später. Ist das Leben nicht sonderbar? Unmerklich hat sich auch diese Leere irgendwann wieder gefüllt, ich weiß nicht wie. An irgendeiner verborgenen Stelle keimt Hoffnung... und schon bin ich wieder mittendrin. Und habe ein neues Chatprofil.

Langsam fühlt sich alles wieder an wie früher. Ich rase mit dem Handbike durch die Stadt und frage mich: War da was? Um alle Paare mache ich dennoch einen etwas größeren Bogen als nötig. Nicht dass ich noch eines aus Versehen überfahre...

Eine Freundin sagt: »Sei doch froh, dass es mit dem Schweizer nichts geworden ist. Du kannst doch kein Buch über Einsamkeit schreiben und heimlich in eine glückliche Beziehung stolpern.« Klingt irgendwie vernünftig. Und Einsamkeit, die den Ruch von Opfer umgibt, funkelt geheimnisvoll.

Irgendwie bin ich auch stolz auf mich. Die vielen Erkenntnisse beim Nachdenken über die Einsamkeit während des Verliebtseins haben etwas bewirkt. Ich habe am Ende der Affäre weder das ganz große Melodram aufgeführt, noch überflüssige SMS geschrieben, die ich wenig später bereut hätte. Auch krame ich nicht in meinem Adressbuch nach abgelegten Lieben, um sie mit Treueschwüren zu belagern. Ich bereue nichts und freue mich auf die nächste Runde. Bin ich nun einen Schritt weiter?

Dann schreibe ich eine SMS und schicke sie wortgleich an drei Chatbekanntschaften.

Achtzehn. Einsamkeit und Sex

Zusammen alleine. Antonia hatte Loïc bei einem Ausflug kennengelernt. Schon auf den ersten Blick stand für sie fest, dass sie einmal gemeinsam im Bett landen würden. Was nach dem dritten Date auch geschah. Irgendwelcher beruflichen Erfolge wegen wurde sein Team über ein Wochenende nach Lissabon eingeladen, mit Begleitung. Doch schon als sie sich auf dem Frankfurter Flughafen trafen, wusste Antonia von einer Sekunde auf die andere: Nein, mehr wird aus der Geschichte nicht. Er nestelte an seinem Koffer herum, und wie er es machte, war es. Das war kein Mann für sie. Jemand, der auf diese Art an seinem Koffer herumfuhrwerkt, kam definitiv nicht infrage. Dennoch flogen sie ab und verbrachten das Wochenende miteinander. Aber sie stand die ganze Zeit neben sich. Ein eigentümliches Gefühl inmitten all des Luxus, wie eine leichte Übelkeit. In der ersten Nacht schliefen sie miteinander. Sie könnte heute nicht einmal sagen, dass es sie dabei geekelt hätte. Es war eher wie in einem durchschnittlichen Kinofilm, dessen Titel man schon am nächsten Tag nicht mehr weiß. Ohne darüber zu sprechen, lagen sie in der zweiten Nacht nur noch nebeneinander, ohne jede Berührung. Als sie sich, zurück in Frankfurt, im Ankunftsterminal verabschiedeten, waren beide erleichtert.

Wer kennt ihn nicht, den Gedanken während des Bettge-
tümmels: Wird er/sie denn gar nie fertig? Wie in der Liebe
auch, kann man sich auch beim Sex verloren fühlen, ohne
jede Verbindung. Unendlich einsam sogar, trotz der körperlichen Nähe. Doch der Erfolgsdruck auf allen Seiten verhindert, das als ganz normale Erscheinung zu begreifen. Aber
warum sollte gerade der sexuelle Akt von der Einsamkeit
ausgenommen sein, die uns sonst in allen Lebenslagen be-
gleitet?

Je nach Situation ist die Wahrscheinlichkeit, dass man sich
beim Sex einsamer fühlt als sonst, sogar noch größer. One-
Night-Stands sind oft genug aus der Einsamkeit geboren
und enden in ihr. »Ich fühlte mich währenddessen einsam
und ungeliebt«, berichtet eine Bekannte mit einer nicht rest-
los überzeugenden Abgeklärtheit. Erstaunlich, wie oft das
Ganze trotzdem durchgezogen wird. Darüber spricht man
nicht mit demjenigen, von dem man sich eben noch vögeln
ließ. Die Einsamkeit zu gestehen wäre intimer als Sex.

Manchmal erlahmt das Interesse an jemandem schon,
während man noch zugange ist. Man fragt sich: Was mache
ich eigentlich gerade, und was macht dieser Mensch über/
in einem? Bevor die Gedanken dann endgültig abschwei-
fen und sich von der Situation lösen. Es ist auch besser so,
denn sobald man den Bezug zu seinem Körper verloren hat,
bekommt Sex etwas Groteskes: dieses Schwitzen, Stöhnen,
Herumhampeln. Lachen wäre ein Ausweg, und sogar ein
möglicher Ausgangspunkt für einen Neustart. Doch meistens bringt man die Sache irgendwie hinter sich.

Mir fällt während des Sex oft irgendetwas ein, was ich
unbedingt und sofort aufschreiben muss. Noch bis vor einigen Jahren waren es Gedichte... ab diesem Moment war
mein mangelnder Enthusiasmus nicht mehr zu übersehen.

Aus reiner Höflichkeit und wohl auch etwas Dichter-Eitel-keit weihte ich den Bettgenossen in meinen Gedankenblitz ein und wollte nicht verstehen, warum dieser den Übergang vom Körperlichen ins Geistige nicht mitmachen wollte. Schon während ich sagte: »Mir ist da gerade etwas eingefal-len, willst du es hören?«, wusste ich, dass ich den Mann nie wiedersehen würde.

Selbstbefriedigung. Ich hole mir einen runter. Ich wichse. Ich rubble einen. – Schon sprachlich ist klar: Es handelt sich dabei um einen eher handwerklichen Eingriff. (Und für die Selbstbefriedigung der Frauen bleibt sprachlich eh alles im Unsagbaren.) Nichts im Sinne von »Liebe machen« also – da-bei wird einem allenthalben eingetrichtert, dass es mit der Liebe zu anderen erst dann etwas wird, wenn man die zu sich erblühen lassen kann: Erst wenn man den eigenen Körper schätzt, kann man auch den fremden schätzen.

Der Selbstbefriedigung haftet etwas Erniedrigendes an. Wer sich alleine einen runterholt, hat es anscheinend nötig. Je älter man wird, desto mehr steht die Person unter Recht-fertigungsdruck gegenüber sich selbst. Der Verdacht auf Einsamkeit steht unweigerlich im Raum. Mit Freunden spricht man über alle möglichen Formen des Leids. Doch bei dem Thema Onanie gibt es eine Grenze. Man möchte es eigentlich nicht wissen. Die Heimlichtuerei verleiht dem Herumgeschrubbe keine Größe. Beim Onanieren fallen Alleinsein und Einsamkeit zusammen. Richten sich die Fan-tasien auf niemand Bestimmten, wird sie nicht einmal in der Vorstellung überwunden. Und wenn eine bestimmte Person gemeint ist, ist diese entweder grundsätzlich oder für den Moment unerreichbar. Wie man es auch dreht und wendet, Wichsen ist Einsamsein. Allerdings mit Höhepunkt.

Meine Umfrage bei Freunden, ob sie mir zum Thema Einsamkeit und Selbstbefriedigung nicht eine nette Anekdote liefern könnten, ist völlig ins Leere gelaufen. Sonst sind sie eigentlich immer auskunftsfreudig. Aber hier verstummten sie oder taten so, als würden sie die Frage nicht verstehen. Da war sie wieder, die Scham als Lieblingsschwester der Einsamkeit.

Pornografie. Wer einmal in die verloren vor sich hin rammelnden Gesichter in einem Ostblock-Porno geblickt hat – und nicht sonst wohin, wird nie mehr behaupten, dass es beim Sex um die Verschmelzung mindestens zweier Menschen ginge. Das funktioniert höchstens in einem Märchenfilm, wie dem wunderbaren »Shortbus«. In dem finden von der frigiden Frau bis zum voyeuristischen Jüngling alle ihre sexuelle Erfüllung und nebenbei auch die menschliche.

Doch die sexuelle Erfüllung in Pornos ist hart erkauft. Selbst das dazu synchronisierte Stöhnen klingt verloren, weil es nur andeutet, was auf den Bildern passiert. Die Darsteller schauen sich kaum an, zu sehr sind sie damit beschäftigt, Lust vorzugaukeln und vergessen zu machen, warum sie das gerade tun. Selbst die Körper der Darsteller wirken seltsam unbewohnt. Die Brüste der Frauen sind zu prall, ebenso wie die Schwänze der Männer. Man muss schon sehr geil sein, um all das übersehen zu können. Einsamkeit, so scheint es, ist für Darsteller wie Betrachter der Preis, den sie bezahlen müssen.

Verlorener noch als sie wirken die Räume, in denen die Handlung stattfindet. Sie haben oft nicht einmal den austauschbaren Charme mittelteurer Hotelketten, sondern strahlen die Kühle eines Leichenschauhauses aus. Auch das also Unorte, und eine leere Blumenvase in einem sonst leeren Regal verstärkt diesen Eindruck noch. Und selbst wenn die Einrichtung von einigem Geschmack zeugt, spürt man sofort, dass die Hauptfiguren dort fremd sind. Gerade dieses Gefühl von Verlorenheit kann allerdings auch luststeigernd wirken. Kaum ein Sexratgeber kommt ohne den Vorschlag aus, die vertrauten vier Wänden einzutauschen gegen etwas Neues: Sex im Freien, im Auto, im Hotel. Also einen Ort zu suchen, mit dem man weniger verbunden ist. Doch bei Pornos hat auch das Fremde keine Verführungskraft.

Noch mit Anfang dreißig war ich hin und wieder in Pornokinos. Nun notgedrungen nicht mehr, da in München keines mit Rollstuhl zugänglich ist (warum, wäre ein eigenes Buch wert). Die Atmosphäre dort hat mich schon als Jugendlicher angezogen, nicht das ohnmächtige Herumfummeln an sich selbst oder an einem anderen: die Dunkelheit, wie in einem Zwischenreich, die Abgeschiedenheit von der Welt. Die anderen Männer wandern wie Lemuren umher, alle getrieben, rastlos. Es wird kein Wort gesprochen, auch das gefiel mir. Trotzdem ist es ein anderes Schweigen als in der Kirche, viel umfassender. Wie unerlöste Seelen in einem Schattenreich streifen die Männer herum. Ununterbrochen von einem Raum zum anderen wechselnd, keiner hält es länger als eine Minute irgendwo aus. In jedem flackern Bildschirme, das Stöhnen überlagert sich, lange schon abgekoppelt von der Lust.

Das Geschehen in den Pornos, all das sich Ausziehen, jemand anderen Ausziehen, hat mit der Situation in der Dämmerung gar nichts zu tun. Ein Blick darauf reicht, um Bescheid zu wissen, wo man sich in der immergleichen Dramaturgie gerade befindet. Kurz vor dem Orgasmus der Darsteller gibt es noch einmal so etwas wie das Aufglimmen von Interesse. Doch es erlischt schon, bevor alle fertig sind.

In dieser Welt passt nichts zusammen: nicht der Exhibitionismus der Darsteller in den Pornos und davor die bekleideten Männer. Nicht die auf den Bildschirmen zelebrierte Hemmungslosigkeit und die Verdruckstheit der Besucher. Man sieht sich nicht in die Augen, die meisten halten den Blick gesenkt. Einen einsameren Ort als ein Pornokino am frühen Nachmittag in einer Kleinstadt kann ich mir nicht vorstellen.

Vielleicht war das Faszinosum gar nicht das Pornokino damals, sondern der Moment, in dem man heraustritt, zurück in die Welt. Der Himmel ist strahlend blau, Passanten mit Einkaufstüten hasten vorbei. Im ersten Augenblick ist man noch voller schlechtem Gewissen. Aber mit jedem Schritt fällt es ab, und man wird wieder der, der man eigentlich sein möchte: Teil einer Gesellschaft, ein Angestellter, der seine Mittagspause beendet. Die Einsamkeit liegt hinter einem, und das Pornokino ist so schnell vergessen wie eine mittelmäßige Komödie. Nie sonst kann man sie so folgenlos hinter sich lassen.

Schließlich gibt doch noch eine Freundin Auskunft über ihre Pornografieerfahrungen. Ein Exfreund nahm sie einst mit in ein solches Kino. Sie setzten sich in zwei Sessel in dem vollkommen leeren Kino. Erst als sich ihre Augen an die flackernde Dunkelheit gewöhnt hatten, erkannte sie die Männer, die sich an die Wände drückten, um nicht gesehen zu werden. Sie warteten sichtlich darauf, dass ihr Freund und sie mit dem Gastspiel begännen. Herrlich schambehaftete Welt der Schamlosigkeit.

Das Funkelnde am Sex ist, dass selbst Elemente von Einsamkeit umgewandelt werden können in eine Steigerung der Lust. Ins Extrem treiben das Exhibitionisten (und ich spreche jetzt von echten, die den Kitzel des Entdecktwerdens lieben). Sie ziehen ihre Lust auch aus der Zurückweisung, wenn sie den Mantel öffnen. Der Ekel des Gegenübers, das Verbotene, die Schamlosigkeit, all das führt in einen Moment des radikalen Alleinseins. Es lässt sich kaum ein einsamerer Mensch vorstellen als ein Mann mit heruntergelassener Hose im Gebüsch, während eine Frau schreiend wegrennt.

Exhibitionisten agieren ihre Lust allein aus. Mehr noch, das Alleinsein gehört elementar zu ihrer Lust dazu. Der Exhibitionist möchte diese gar nicht überwinden, sonst würde er sich dem Objekt der Begierde nicht in einer Weise nähern, die eine Verbindung von vornherein ausschließt. Er möchte nicht berührt, nicht angenommen werden.

Wie viel davon steckt in mir, wenn auch ich einen Sexpartner auf Distanz halten möchte? Nur in den wenigsten Fällen wollen zwei, die miteinander Sex haben, in einer mehr als körperlichen Weise verschmelzen, eins werden.

Besser kaschiert als beim Exhibitionisten ist die mangelnde Bindungsfähigkeit bei Nymphomanen beiderlei Geschlechts. Der jeweilige Sexpartner wird sich durch dessen Austauschbarkeit vom Leib gehalten. Wie der Fliegende Holländer muss der Nymphomane, auch Casanova genannt, von einem Bett zum nächsten ziehen. Es ist wie mit dem Internet, die bloße Möglichkeit, dauernd verbunden zu sein, oder eben relativ einfach Sex haben zu können, kann gerade dies verhindern. Das ist die Krux mit der Einsamkeit.

Aber vielleicht lässt sich die Immer-weiter-Strategie der Nymphomanen auch übertragen auf den Umgang mit Einsamkeit: nicht verkrampfen und vor allem nicht den Spaß verlieren...

Dennoch, es bleibt bei dem Thema ein schaler Nachgeschmack, etwas Unerledigtes. Oder wie ein Mittzwanzigjähriger, nachdem ich ihm meine Thesen über den gemeinen Exhibitionisten erklärt habe, kopfschüttelnd erklärt: »Mann, Mann, Mann. Trauriges Thema.«

Neunzehn. Einsamkeit der Helden

Superheroes. Alle Helden sind einsam. Die heimlichen, weil sie niemand erkennt, und die berühmten, weil der Ruhm sie trennt von ihren Bewunderern. Aber ihre Einsamkeit geht noch viel tiefer. Denn ihre Mission verlangt es von ihnen. Beim Kampf gegen das Böse ist jeder Mensch so einsam wie beim Sterben.

Alle Helden sind einsam, aber am meisten die Superhelden. In jedem Film gibt es eine Szene, in der seine Einsamkeit überlebensgroß herausgestellt wird. Im Western reitet der Cowboy auf seinem Gaul in den Sonnenuntergang, während der Superheld mit den Superkräften in einer stürmischen Nacht mit flatterndem Umhang an einem Mauervorsprung hängt und melancholisch verklärt in ein hell erleuchtetes Wohnzimmer starrt, in dem eine schrecklich glückliche Familie einander Gutes tut. Unterdessen lauert irgendwo im Dunkeln das Böse, genauso einsam, oder noch einsamer, weil es auch noch hässlich ist, und wartet auf die Vereinigung mit dem Helden im Tod.

Der Superheld ist nicht einsam, weil er keine Mission hat wie der Obdachlose, den er im Vorbeigehen rettete, sondern eben weil er eine hat. Für das Gute in einer korrupten Welt zu kämpfen, treibt einen geradewegs in die Isolation.

Diese Aufgabe kann man nur alleine bewältigen. Das Land des Helden ist verkarstet. Nur seelisch genauso verkrüppelte Menschen halten es in der dünnen Luft mit ihm aus. Um es auf den Punkt zu bringen: Der Superheld von heute hat ordentlich einen an der Klatsche.

Die Drehbuchschreiber verwenden viel Energie darauf, dass seine Einsamkeit wirklich glaubhaft ist. Ansonsten würde er es höchstens zum Helden bringen (wie die ihm assistierenden Polizisten oder Feuerwehrmänner), aber eben nicht zum Superhelden. Also ist er mindestens Waise, hat eigentlich keine Freunde, höchstens ein treues Faktotum, ist notorisch Single und genauso notorisch unglücklich verliebt. Es reicht nicht, ganz auf sich gestellt zu sein, die Trostlosigkeit dehnt sich bis in sein Inneres aus.

Natürlich muss sich der Held Gefährten suchen oder zumindest Mitstreiter. Doch sie bleiben wie beim »Herrn der Ringe« Subalterne. Sie können nur unterstützen, nichts abnehmen. Wenn es ernst wird, beim finalen Kampf gegen das Böse, ist der Held wieder allein. Selbst der Ruhm, den er am Ende erwirbt, macht ihn nicht weniger einsam. Im Gegenteil, die Einsamkeit ist dann noch schlimmer, denn nun hat er nicht einmal mehr etwas Sinnvolles zu tun.

Superkräfte vermitteln sich viel einfacher. Da reicht es, diverse Autounfälle in Folge unverletzt zu überstehen. Schon traut man ihm zu, alle Naturgesetze außer Kraft setzen zu können. Doch diese wurden ihm nur deshalb verliehen, weil er einsam ist. Es ist der Preis, den er bezahlen muss, um die Welt zu retten. Und die Superkräfte machen ihn noch einsamer, denn er muss sie verbergen. Zeigt er sie, wird ihm nicht geglaubt. Er würde sofort Opfer seines Erfolgs. Heldentaten gelingen nur in der Anonymität. Solange niemand genau weiß, wer er eigentlich ist. Also muss er ebenso viel Energie darauf verwenden, unerkannt und damit weiter einsam zu bleiben, wie auf seiner Mission.

Diese Ambivalenz überträgt sich auf den Zuschauer. Einerseits möchte er auch gerne so stark und mutig sein, andererseits würde er diese heroische Einsamkeit um nichts in der Welt eintauschen wollen. Sie fordert zu viel Kraft. An ihr scheiden sich die echten Helden von denen, die damit nur kokettieren.

Als Jugendlicher sieht man nichts anderes als die Superkräfte, als Erwachsener hauptsächlich, was für eine arme Socke Superman ist. Diese Entzauberung läuft parallel zu der von der Einsamkeit. Kann man sich als Jugendlicher noch darin suhlen, mutterseelenallein auf der Welt zu sein, umgeben von mittelmäßigen Ignoranten, verliert sie mit den Jahren allen Glanz. Irgendwie ist man nicht mehr bereit, an ihn zu glauben. Wäre das nicht ein Weg: der Einsamkeit das Superman-Kostüm wieder anzuziehen?

Durch Berlin. Meine Versuche, andere schwule Rollstuhlfahrer kennenzulernen, erstrecken sich mittlerweile über drei Jahre. Und sind bislang samt und sonders gescheitert. Das Fahren auf vier Rädern habe ich mir alleine beigebracht. Und oft genug wurde ich nur wegen meiner Behinderung von anderen abgelehnt. Die ersten Male hat mich das kaltgelassen, doch mittlerweile schmerzt es. Auch das Bewusstsein, eine Minderheit in der Minderheit zu sein, beflügelt nicht, sondern lähmt. Deshalb möchte ich zumindest einmal mit jemandem darüber sprechen, der weiß, wie sich das anfühlt. Um dem Gefühl des doppelten Fremdseins zu entkommen. Diesen Wunsch kann jeder nachvollziehen, aber niemand erfüllen. Deswegen muss ein anderer schwuler Rollstuhlfahrer her.

Umso größer meine Begeisterung, als ich bei Facebook eine Anzeige entdecke, die eine Parade in Berlin ankündigt unter dem Motto: »Verrückt und behindert feiern«. Augenblicklich beschließe ich hinzufahren. Vor meinem geistigen Auge sehe ich eine Loveparade der schwulen Rollstuhlfahrer, lauter Superhelden, mit denen ich gemeinsam in den Krieg gegen alle Hohlköpfe ziehen kann.

Tag für Tag, das Bahnticket ist bereits gekauft, das Hotel gebucht, wird offensichtlicher, worauf ich mich da einlasse: Am einen klicke ich mich durch die Fotos der letztjährigen Parade, am folgenden lese ich die damals gehaltenen Reden. Der Partyaspekt verblasst mehr und mehr. Anscheinend handelt es sich um eine politische Demonstration für Teilhabe und so weiter. Nichts mit Spaß, nichts für Helden. Und explizit schwul ist die Veranstaltung auch nicht.

In meiner Not maile ich bei einer Kontaktbörse im Internet alle Profilinhaber an, bei denen das Wort »Rollstuhl« ansatzweise vorkommt. Ich muss relativ verzweifelt wirken. Denn die Rollstuhlfahrer der Hauptstadt geben mir kühl zu verstehen, dass sie noch nie von der Veranstaltung gehört haben, sie überflüssig finden und auch keine Lust haben, mich jenseits der Parade auf einen Kaffee zu treffen. (Wahrscheinlich habe ich dreimal zu oft geschrieben, dass ich *wirklich nur reden* möchte ...) Ich fühle mich wie der letzte Mensch.

Mit entsprechender Bangigkeit stehe ich auf dem Hermannplatz in Kreuzberg. Um mich herum ist der Platz voll mit vergnügt quietschenden Typen mit Down-Syndrom, wie Königinnen behängten Frauen im Rollstuhl und psychisch

Kranken, die in Ermangelung der Sichtbarkeit ihrer Behinderung die Diagnose auf das T-Shirt gedruckt haben.

Die scheinbar Gesunden sind entweder durchdrungen von der politischen Mission, mit den Behinderten Spaß zu haben, oder von der Notwendigkeit, der Ungerechtigkeit der Gesellschaft etwas entgegenzusetzen. Sie tanzen eine Spur zu ausgelassen herum. Am entspanntesten wirken die Gehörlosen, die sich zu einem Pulk zusammengeschlossen haben und ohne eine Sekunde Unterbrechung mit Gebärden aufeinander einplappern.

Ich rolle die halbe Strecke des Umzugs, der wie befürchtet mehr Demonstration als Party ist, im Konvoi hinter einem zotteligen Herrn mit einer Art Kunstrad. Während der zweiten Hälfte stelle ich mich an den Straßenrand und sehe zu. Unterdessen chatte ich mit einem schwulen Rollstuhlfahrer. Da ist er ja, endlich! Ich reihe mich erneut ein. Der andere ist nur ein paar Hundert Meter weit weg. Wir versuchen uns zu verabreden, aber seitdem sich der Zug wieder in Bewegung gesetzt hat, gestaltet sich das äußerst schwierig.

Meine Stimmung schwankt dreimal in einer Minute von völligem Verlassensein zu Zugehörigkeit, von Anziehung zu Abstoßung und wieder zurück. Gleichzeitig fühle ich mich in dieser bunten Welt aufgehoben, aufgefangen von den vielen Freaks um mich herum, und doch auch verloren. Ich gehöre dazu, ohne dazuzugehören. Diese Widersprüchlichkeit ist nicht aufzuheben. Auch das muss ich wohl oder übel aushalten. Als heldenhafter Freak, als freakiger Held.

Bei einer längeren Stockung schreibe ich dem Rollstuhlfahrer noch mal. Doch bevor er antworten kann, geht der Akku meines Handys aus. Wieder nichts.

Man kann einsam sein und gleichzeitig nicht. Noch so ein Widerspruch.

Plötzlich fühle ich mich so nackt und gleichzeitig beschenkt wie die Heldin im Sterntaler-Märchen der Gebrüder Grimm. In dem wird alles aufgefahren, was es an guten Gründen für Einsamkeit gibt: Das kleine Mädchen ist nicht nur Waise und völlig verarmt, sondern deswegen auch obdachlos. Mit nur ein paar Kleidern am Leib und einem Stückchen Brot in der Hand zieht es los. »Und weil es so von aller Welt verlassen war, ging es im Vertrauen auf den lieben Gott hinaus ins Feld.« Das könnte auch schiefgehen wie auf dieser Parade. Doch nicht im Märchen.

Aus Mitleid verschenkt das Mädchen sogar das letzte Hemd. Die Kleine ist auch mehr Freak als Held! Erst als sie gar nichts mehr hat, wird es mit einem Sterntalerregen und einem linnenen Hemdlein belohnt, als Ersatz für eine Geldbörse.

Mehr noch als die unüberlegte Freigebigkeit verblüfft die Radikalität, mit der das Kind seine Einsamkeit annimmt und durchlebt, wie Superman. Durchwandert sogar. Also doch mehr Held als Freak? – Vielleicht ist sie nur abgestumpft oder traumatisiert. Oder eine Dulderin erster Klasse, die alle ihr widerfahrende Unbill für gerecht hält. Das Mädchen reflektiert seine Lage und alles, was mit ihr geschieht, keinen Augenblick. Für Selbstmitleid bleibt keine Zeit. Auch nicht für falsche Scham. Mich würde schon die eigene Nacktheit im Wald völlig überfordern.

Am Ende bleibt allerdings ein bitterer Nachgeschmack. Nun ist das Mädel zwar ihre Geldsorgen losgeworden, nicht aber ihre Einsamkeit. Allein deswegen möchte niemand mit ihr tauschen.

Der Zug hat sich wieder in Bewegung gesetzt.

Obwohl ich alle Männer im Rollstuhl genau gemustert habe, gleicht keiner dem Typen aus dem Chat. Hatte ich erwartet, dass die schwulen Behinderten wie Dukaten vom Himmel fallen? (Die Hübschesten sind die Gehörlosen, aber die haben nur Augen für ihresgleichen.)

Enttäuscht wende ich, ziehe eine Jacke über mein linnenes Hemdlein und rase mit dem Handbike einmal durch den Tiergarten.

Stars und Fans. Seit seinem Tod betreut Nena den Gedächtnisschrein für Michael Jackson gegenüber vom Bayerischen Hof in München. Sie kümmert sich um die an einem gekaperten Denkmal für einen Renaissance-Komponisten abgelegten Devotionalien, drapiert die Blumen und Teddybären und passt auf, dass mit der Bewunderung und den Bewunderern alles seine rechte Ordnung hat. Man kann sie sich gar nicht als einsamen Menschen vorstellen, denn sie hat eine Mission, oder wie es auf ihrer Homepage heißt: »Michaels Gedenkstätte in München ist ein Ort der Liebe und der Zusammenkunft. Hier wird gemeinsam gelacht, geweint und an Michael erinnert; Gleichgesinnte treffen sich, um ›Geschichten‹ und ›Gefühle‹ auszutauschen und gemeinsame Stunden zu verbringen.« – Öfter lässt sich das Wort »gemeinsam« nicht unterbringen.

Fan von jemandem zu sein ist wohl die eleganteste Möglichkeit, von der eigenen Einsamkeit abzusehen. Zum einen, weil man selbst verschwindet angesichts des Objektes der Bewunderung, zum anderen, weil man als Fan aufgehen kann in einer großen Gruppe Gleichgesinnter. Eigentlich ist das wirklich verlockend, dennoch ist es mir bislang nie gelungen, von irgendwem ein richtiger Fan zu sein. Weder von einem Fußballclub noch von einer Opernsängerin. Irgendwo wittere ich immer eine Falle. Vielleicht, weil ich schon früh gemerkt habe, dass mein Wunsch, in etwas Größerem aufzugehen, meistens doch nur benutzt wird, um den Verkauf von Platten oder Trikots zu befördern.

Ich treffe Nena auf einer Parkbank etwas abseits von dem Denkmal mit den Devotionalien. Es sei gerade eine Gruppe aus Leipzig da, die einzig deswegen gekommen sei, erzählt sie sichtlich stolz. Manche Besucher kämen fast täglich. Manche sicher auch, um Anschluss zu finden. Für sie würde das nicht gelten, fügt sie hinzu, sie habe Familie und einen Job, und dennoch fühle sie sich Michael Jackson verbunden. »Er hat meine Seele berührt«, sagt sie.

Nach einer Stunde glaube ich ihr blind, dass es sich bei Jackson um einen der größten Künstler und Wohltäter der Weltgeschichte handelt. Und das, obwohl ich bei seinem Tod gerade einmal wusste, dass es sich um einen ausgebleichten Popstar handelte. (In Wahrheit ein Held, so Nena, der an einer schlimmen Krankheit und dem Spott darüber fürchterlich litt.)

Schon in der Nacht seines Todes ging es los, als die ersten Fans kamen, um Kerzen und Blumen vor dem Bayerischen Hof niederzulegen. Vor seinem Fenster, an dem er sich bei den vielen Besuchen in München immer wieder gezeigt hat. Die erste Zeit war sie allein bei der Pflege der Andenken, eine schwere Zeit sei das gewesen und nicht frei von Anfeindungen. Die bis heute andauerten. Warum es mit der Trauer nicht irgendwann gut sei, werde sie oft gefragt. Doch sie möchte sich nicht vorschreiben lassen, wie lange sie trauert.

Mit meiner eigentlichen Frage, ob Bewunderung ein wirksames Mittel gegen Einsamkeit ist, dringe ich nicht zu Nena durch. Vielleicht ist das schon Antwort genug. Stattdessen erzählt sie bereitwillig von der ihres Idols. Fan sein heißt auch, nicht selbst einsam sein zu müssen.

Es habe wohl noch nie einen Star gegeben, der so einsam gewesen sei wie Michael Jackson. »Ich bin einer der einsamsten Menschen auf der Welt«, habe er einmal gesagt. In mancher Nacht sei er stundenlang herumgelaufen, um wenigstens einem Menschen zu begegnen. Oder habe irgendeine Nummer gewählt, nur um in Kontakt zu kommen.

Oft steht auf den mitgebrachten Bildern eine Liedzeile, die seine Fans an den Musiker zurückgeben: *You are not alone*. Indem sie es ihm sagen, sagen sie es auch sich selbst.

Zwanzig. Die der Gottnahen

Gott selbst. Wenn man zutiefst einsam ist, bleibt immer noch der Glaube. Er bedeutet ein unbestimmtes Wissen um Verbundensein, um Zuwendung und Aufmerksamkeit. Im Glauben ist die Einsamkeit nie absolut, sondern immer relativiert durch die Anwesenheit eines alles Verstehenden.

Für an eine höhere Instanz Glaubende trägt er einen Namen: Gott, Allah, das Universum. In ihm bündelt sich alle Hoffnung: Ich bin nicht allein. (*You are not alone.*) Er ist da, auch wenn ich ihn nicht sehe.

Und Gott selbst? Elie Wiesel hat einmal geschrieben: »Gott ist der Einzige, der zu ewiger Einsamkeit verurteilt ist. Gott ist im wahrsten Sinne des Wortes und unwiderruflich allein.« Er hat niemand, an den er sich in seiner Einsamkeit wenden kann. Manche Fehlentscheidung Gottes ließe sich damit vielleicht erklären.

Aber wie steht es mit denen, die ihm eigentlich am nächsten stehen müssten? Mit denen, die in seinem Namen Religionen gegründet haben. Kann man sich in Sachen Einsamkeit etwas von ihnen abschauen?

Buddha. Von den drei Religionsstiftern Buddha, Jesus und Mohammed dürfte auf den ersten Blick Buddha derjenige sein, der den innigsten Bezug zur Einsamkeit hat. Ein einsamer Humorist. So, wie man ihn überall herumsitzen sieht, bis über beide Ohren grinsend und mit gekreuzten Beinen. Er dürfte meditierend mit dem Alleinsein bestens klargekommen sein. Als Asket im Wald war er angeblich so damit beschäftigt, sich neue Selbstkasteiungen auszudenken, dass für Einsamkeit kein Platz blieb.

Viel weiß man über die historische Person nicht, und für seine Einsamkeit haben sich die Biografen nicht interessiert. Es ist die Krux bei den Lebensgeschichten aller großen Männer: die Momente, manchmal Jahre des Leerlaufs, der Orientierungslosigkeit, der Langeweile und der Leere kommen in der Rückschau der Nachgeborenen entweder nicht vor oder werden mit einem Satz zusammengefasst.

Die erste überlieferte Einsamkeitssituation des jungen Buddha klingt eher poetisch, denn wirklich einsam. Der Junge wurde unter einen Rosenapfelbaum gelegt. Während die Stunden vergehen, wandern die Schatten der anderen Bäume weiter, nur nicht der des Rosenapfelbaums. Dort erlebt er sein erstes Erlösungserlebnis, ein umfassendes Glücksgefühl, und nach eigener Aussage dachte er: »Dies könnte der Weg zum Erwachen sein.«

Dann ist erst einmal nichts über sein Leben bekannt. Bis er mit Ende zwanzig, ob nun inzwischen verheiratet und Vater oder nicht, alle Bindungen abbrach und davonzog in die Einsamkeit, auf der Suche nach der schon einmal geschnupperten Erlösung. Sechs oder sieben Jahre trieb er herum auf der Suche nach Erkenntnis, bis ihm klar wurde, dass er diese in sich selbst suchen müsste. Doch alles Kasteien nützte nichts, die Erleuchtung fiel aus. Aber auch diese

Phase verlief nicht völlig einsam, denn unterdessen traf er genug andere Asketen. Worüber sie sich vor und nach ihren Übungen unterhalten haben, wurde leider nicht überliefert – obwohl mich das Pausengeplänkel am meisten interessieren würde.

Der Durchbruch kam erst, wenn man es etwas plump zusammenrafft, als er nicht mehr damit rechnete. Wieder sitzend unter einem Baum. Im Anschluss blieb er noch einige Tage hocken, vollkommen entspannt. In einer gehobenen, einer aufgehobenen Einsamkeit, verbunden mit allen Dingen.

Aber ab da war es mit der Ruhe vorbei. Brahmanen, Edle, einfache Leute kamen zu ihm. Trotzdem zierte er sich zu predigen, weil er den Eindruck hatte, nicht verstanden zu werden. Ganz anders als später Jesus und Mohammed, die zum Missionieren niemand ermuntern musste. Erst nachdem ihn einer der Obergötter überzeugt hatte, oder er einfach Erbarmen hatte mit den Menschen, zieht Buddha los, um die Welt von seinem achtfachen Pfad zur Weisheit zu überzeugen. – Auch das eine besonders harte Form der Einsamkeit: wenn man der Einzige ist, der alles verstanden hat und sich ununterbrochen mit begriffsstutzigen Adepten herumschlagen muss.

Die nächsten fünfundvierzig Jahre verbrachte er predigend auf Wanderschaft, bettelnd, besitzlos, sich an nichts hängend. Bis er selbst sah, dass es besser war zu gehen. Eines seiner letzten Worte richtete er an seinen Jünger: »Nicht also, Ananda, klage nicht, jammere nicht. Von allem, was man lieb hat, von dem muss man scheiden.« – Selbst von der Einsamkeit, wenn man sie lieb gewonnen hat.

Buddha hat sie kein einziges Mal erwähnt, weil sie ihm nicht der Rede wert erschienen ist. Denn wenn alles miteinander zusammenhängt, kann niemand einsam sein. Es gibt sie schlichtweg in seinem Denken nicht.

Aber was würde ein Buddhist einem heutigen Menschen, ob digital oder analog einsam, mit auf den Weg geben? Der Religionswissenschaftler Michael von Brück beantwortet die Frage so: »Einsamkeit ist deine mentale Projektion. Sie beruht darauf, dass du dir ein falsches Ich einbildest. Und dieses Ich musst du als Fehlkonstruktion durchschauen. Du musst begreifen, dass alle Phänomene in gegenseitiger Abhängigkeit entstehen und existieren. Und diese wechselseitige Abhängigkeit soll auch dein soziales Leben prägen. Also, verbinde dich!«

Jesus. Erleuchtete haben keine Zeit für Einsamkeit, weil sie so gefragt sind. Auch bei Jesus sucht man sie erst mal vergeblich. Wie soll es die auch geben, wenn man früh ahnt, Gottes Sohn zu sein? Wie, wenn man mit einer Truppe Jünger durch die Lande zieht und die Öffentlichkeit sucht, um in ihr und vor ihr zu predigen, zu schimpfen oder Wunder zu wirken?

Dennoch kennt auch Jesus Phasen des Rückzugs. Auch ihm wurde es anscheinend manchmal zu viel, oder er fühlte sich ausgelaugt und leer. Zwischen der Heilung eines Aussätzigen und der des Gelähmten zieht er sich, so berichtet der Evangelist Lukas, »in die Einsamkeit zurück, um zu beten« (Lk 5,16). Er entzieht sich damit auch dem wachsenden Strom an Menschen, die ihm zuhören und von ihren Krankheiten geheilt werden möchten. Später heißt es sogar einmal, er »entweicht« in die Einsamkeit. Es ist die des Mächtigen, der spürt, hauptsächlich wegen seiner Kraft bewundert zu werden.

Das Muster wiederholt sich: Jesus heilt und zieht sich zurück. Das eine, die Aktivität, ist ohne das andere, das Zu-sich-Kommen, nicht möglich. Was für ein schönes Fließen, aus der Gemeinschaft in die Einsamkeit und wieder zurück. Sein bevorzugter Rückzugsort sind Berge. Oder gleich die Wüste. Doch ist es wirklich einsam, wenn man sich dort mit seinem Vater unterhält?

Genauso vertrackt ist es mit Jesu Einsamkeit am Kreuz. Auch sie ist ambivalent, im Fluss, mehrdeutig. Seine Hinrichtung gilt als Urbild für das einsame Sterben, umgeben von Fremden, ohne Beistand, jenseits aller Gerechtigkeit. Und dennoch, über aller Einsamkeit schwebt die Erlösung durch die Wiederauferstehung.

»Und von der sechsten Stunde an ward eine Finsternis über das ganze Land bis zu der neunten Stunde. Und um die neunte Stunde schrie Jesus laut und sprach: Eli, Eli, lama asabthani? Das heißt: Mein Gott, mein Gott, warum hast du mich verlassen?« (Mt 27, 45 f) – Doch dieser Schmerzensruf ist gleichzeitig auch Verweis auf den 22. Psalm, der wortgleich so beginnt. Dieser steht genau für das Gegenteil, nämlich für die Gewissheit, nicht alleine zu sein, sondern selbst im Tod gerettet zu werden.

Der Theologe Gotthard Fuchs versucht diesen Widerspruch aufzulösen, indem er auf die Entstehung der Evangelien durch trauernde Anhänger hinweist. Man dürfe nie vergessen, dass diese von Menschen geschrieben wurden und damit manchmal mehr von denen erzählen als von Jesus. Das ihm in den Mund gelegte Psalmwort bedeute ein Stück Trauerarbeit der Überlebenden. Sie haben ihre Verlassenheit nach dem Tod Jesu gelindert, indem sie selbst seine Sterbenseinsamkeit mit einer erlösenden Botschaft versehen haben. Insofern überwinde der Glaube auch diese Einsamkeit.

Mohammed. Der dritte im Bunde, der Prophet Mohammed, hat sich am lustvollsten ins Getümmel der Welt geworfen. Oder Allah hat ihn dahin geworfen, je nach Blickwinkel. Doch auch in seinem bewegten Leben spielte die Einsamkeit in Form des Rückzugs eine zentrale Rolle. Und wie bei den beiden anderen weiß man darüber wenig Genaues. Und selbst das wenige wird schon bald nach seinem Tod überwölbt von Deutungen und Zuschreibungen. Bei allen dreien spürt man die Sehnsucht der Biografen, ihren jeweiligen Helden durch ein Übermaß an Aktivität vor Einsamkeit zu schützen, vielleicht um ihn nicht allzu menschlich erscheinen zu lassen.

Mohammeds Lebensgeschichte quillt denn auch über vor Wundern. Das mir liebste geht so: Als er bei einem Stamm Schafe hütete, öffneten zwei Männer, Engel wahrscheinlich, seinen Leib und nahmen sein Herz heraus. Nachdem sie einen schwarzen Blutklumpen entfernt hatten, wuschen sie das Herz. Und setzten es wieder ein. (Warum bewegt mich gerade diese Begebenheit so?)

Seine Berufung zum Propheten, das zentrale Ereignis in seinem Leben, fand viele Jahre später in der Einsamkeit statt. (Anders wäre das überhaupt nicht denkbar.) Einer seiner einflussreichsten Biografen, Mohammed Ibn Ishaq, schreibt gute Hundert Jahre nach dessen Tod: »Als Gott Mohammed ehren und sich der Menschheit erbarmen wollte, fing das Prophetentum bei Mohammed damit an, dass er wahre Erscheinungen im Traume hatte, wie die anbrechende Morgenröte, und dass er die Einsamkeit über alles liebte.« – Man kann sie also nicht nur ertragen, sondern sogar lieben! Ja, sie zu lieben ist sogar die Voraussetzung für das Erkennen der Wahrheit.

Mohammed hatte sich schon seit Jahren jeweils für einige Wochen auf einen Berg bei Mekka zurückgezogen, um in einer Höhle zu meditieren. Erst mit vierzig jedoch war er reif für die Offenbarung, in Form eines Traums, in dem ihn der Erzengel Gabriel relativ unsanft auffordert, etwas zu lesen. Nur konnte Mohammed zu dem Zeitpunkt gar nicht lesen.

Erst drei Jahre später, in denen er immer wieder Offenbarungen erhielt, fing er an, in der Öffentlichkeit darüber zu sprechen. Drei Jahre predigte er in Mekka, angefeindet und teilweise gewalttätig verfolgt. Die Einsamkeit des Einzelnen weitet sich zu der einer kleinen Gruppe von Gläubigen, ausgestoßen oder zumindest misstrauisch beäugt von den anderen.

In dieser Zeit finden zwei notgedrungen allein unternommene Reisen in Träumen statt: Die eine dauert nur eine Nacht. Während der lernt er in Jerusalem andere Propheten kennen, darunter auch Moses und Jesus. Bei der zweiten durchwandert er, von Gabriel geführt und von einem Fabelwesen getragen, die sieben Himmel.

Mir leuchtet das mit den Offenbarungen ein, es bedeutet nämlich auch, dass man etwas aus der Einsamkeit mitnimmt. Etwas, was sich lohnt weiterzugeben. Und es heißt auch, dass man ohne einsame Phasen nicht weit kommt im Leben. Sie ist ein Ausnahmezustand, in dem es Visionen, Versuchungen, Verzweiflung gibt, aber eben auch Erleuchtung, Aufbruch, das große Verstehen. Eine Erfahrung – es muss ja nicht immer gleich eine Prophezeiung sein. Etwas,

was einen durchs Leben trägt und was nur in der Einsamkeit wachsen konnte.

Mohammeds Weggang von Mekka nach Medina – der Beginn der islamischen Zeitrechnung – ist für ihn und seine Getreuen ein kollektiver Aufbruch in die Fremde, das Unbekannte, um neu anzufangen. Diesmal als Mission, mit anderen. Ab da ist Mohammed nicht nur Verkünder, sondern auch Politiker für seine Sache.

Der Prophet ist der einzige der drei Religionsstifter, der sich nach seinem Erlebnis in der Einsamkeit voll ins Leben wirft, kämpft, blutet und bluten lässt. Da ist kein Platz mehr für Einsamkeit. Alles fließt ineinander, das Öffentliche wie das Private; sowohl bei seinen Beziehungen als auch bei seinem Glauben.

Ich muss einige Zeit überlegen, was ich aus dem Leben der Gottnahen für meines mitnehmen kann. Vielleicht die Erkenntnis, dass Einsamkeit kommt und geht. Auch stehen sie dafür, dass man ihr etwas abgewinnen kann, sobald man sie annimmt, und dass sie sich auflöst, sobald man mit der Welt wieder in Verbindung getreten ist. Aus ihr und in ihr lässt sich etwas gestalten. (Es müssen ja nicht gleich Prophezeiungen sein.) – Ach ja, und dass man die Einsamkeit lieben kann. Das vor allem.

Einundzwanzig. Kraft der Einsamkeit

Kurze Geschichte des Rückzugs. Sich in die Einsamkeit zurückzuziehen bedeutet schon seit mehreren tausend Jahren die Entscheidung für ein Leben jenseits der Gemeinschaft. Dieser Rückzug fällt meist radikal bis spektakulär aus: in die Wüste, auf eine Säule, in eine Höhle oder in den Urwald zu den wilden Tieren (ein bisschen Show ist auch immer mit dabei). Die Absage an andere Menschen gehört dazu, um näher an Gott zu sein oder um mit sich klarzukommen (und den mitgebrachten Dämonen). Genauso gehört aber auch dazu, irgendwann darüber zu berichten oder zumindest dafür zu sorgen, dass es etwas zu berichten gibt. Die abgebrochenen Rückzüge sind kaum mitteilenswert. Eine Heiligsprechung sollte schon dabei rausspringen für all die Entbehrungen.

Das Alleinsein eignet sich, leicht verklärt, als die beste Medizin, der durch Menschen verursachten Einsamkeit zu entrinnen. Sigmund Freud feiert es so: »Gewollte Vereinsamung, Fernhaltung von den anderen ist der nächstliegende Schutz gegen das Leid, das einem aus menschlichen Beziehungen erwachsen kann.« – Dass man damit andere Einsamkeiten heraufbeschwört, wird gerade Freud klar gewesen sein …

Für Hunderte von Jahren bildete die Vita des heiligen Antonius die Blaupause für die meisten Aussteiger. Er zog sich in die Wüste zurück, um gegen alle Versuchungen und Anfechtungen gefeit zu sein. Doch die Dämonen und auch Satan holten ihn bald ein.

Im Mittelalter ist es vor allem Meister Eckhart, der das »abgeschiedene Herz« in seinen Schriften feiert, ein paar Hundert Jahre später dann gefolgt von Petrarca, der in seinem Werk »Vom einsamen Leben« ein Hohelied auf den Rückzug von der Menge und aus dem Getriebe der Stadt singt. Das einsame Leben garantiert vor allem ein erhabenes Ich, an dem man jedoch lebenslang werkeln muss.

Dieser Aufgabe widmeten sich alle, über Michel de Montaigne, der irgendwann die melancholische Abgeschiedenheit seiner Wohnung dem Leben in Gesellschaft vorzog, bis zum »Zarathustra« – dessen Autor Friedrich Nietzsche sich in den Wahn zurückzog. Und spätestens seit Jean-Jacques Rousseau ist der Rückzug meist mit dem Gestus der Zivilisationskritik verbunden, die sich bis in die Moderne zum Überdruss steigert.

Bei allen Autoren stößt man auf eine Selbstbezogenheit, die manchmal unheimlich ist. Einsamkeit will wohl dosiert sein, sonst schlägt sie unweigerlich um in Gigantonomie. (Kein Wunder, wenn man nur noch sich selbst als Bezugspunkt hat.) Die entsprechenden Legenden picken sich aus dem Leben der Rückzügler jedoch nur das heraus, was etwas hermacht. Die zwangsläufig mit dem Rückzug verbundene Langeweile wird nie erwähnt.

Das richtige Gleichgewicht scheint Henry David Thoreau gefunden zu haben. Er hat sich bis heute zum Schutzheiligen der Einsamkeit für alle gemausert, die nicht an Heilige glauben. Mitte des 19. Jahrhunderts zog er sich für zwei Jahre in eine Blockhütte im Wald zurück. Eine lange Zeit, aber eben auch kein ganzes Leben. Sein Bericht mit dem Titel »Walden oder Leben in den Wäldern« erschien 1854 und gilt seitdem als Standardwerk für die Grundlagen eines alternativen Lebensstils, gelebter Rousseau sozusagen. Seine Verklärung der Natur geht so weit, dass er die Gegenwart anderer zurückweist: »Ich halte es für gesund, die meiste Zeit allein zu sein. Gesellschaft, selbst mit den Besten, wird bald langweilig und zerstreuend. Ich liebe die Einsamkeit. Nie fand ich einen Kameraden kameradschaftlicher als die Einsamkeit.« – Da ist er wieder, der Hang zur Übertreibung, der den meisten Erleuchteten anhaftet …

Wo sind sie, die Aussteiger, die für mich als Vorbild taugen, die Rückzügler von heute, die mit Handy?

Rückzug heute. Ja, es gibt sie, die verkabelten Eremiten. Ungefähr achtzig Einsiedler leben zurzeit in Deutschland. Einer von ihnen ist Bruder Jakobus. Seit zwanzig Jahren wohnt er in einer Burgruine in der Nähe des Klosters Beuron, zu dem er de jure auch gehört. Doch allein ist er selten, denn meist gibt er Meditationskurse oder bekommt Besuch.

Am Morgen unseres Gesprächs stand eine Gruppe von Nonnen unter seinem Fenster. Beim Meditieren hörte er zu, wie sie sich über ihn unterhielten, gleichermaßen voller Bewunderung wie Skepsis. Gehe das überhaupt, ein Eremit heute, fragten sie.

»Wir leben nicht künstlich nostalgisch in mittelalterlichen Umständen«, erklärt Bruder Jakobus, »sondern in der heutigen Welt mit ihren gesellschaftlichen und kirchlichen Realitäten.« Deswegen: natürlich Telefon und E-Mail, Auto und Radio.

Allein waren die Eremiten in der Frühzeit des Einsiedlertums auch nicht. Der heilige Antonius musste dreimal seine Klause wechseln, da er von Besuchern überlaufen wurde. In Ägypten und Syrien sind sogar regelrechte Ortschaften von Eremiten entstanden, die in Rufweite voneinander lebten.

Bruder Jakobus hatte zehn Jahre ein Leben im Kloster geführt, mit allem, was dazugehört, bevor er sich zurückzog. Dennoch hält er den Kontakt zu den anderen Mönchen aufrecht, gehört weiter dazu. Es hält ihm den Rücken frei. Denn es braucht Wachsamkeit, um den Anfechtungen und Versuchungen zu begegnen. Ihm hilft, auf einen viele Jahrhunderte alten Erfahrungsschatz zurückgreifen zu können, der in den alten Mönchsregeln und spirituellen Schriften eines Evagrius Ponticus oder Johannes Cassian zu finden ist. Denn es waren und sind immer wieder die gleichen Gefahren, denen Mönche und Nonnen im Alleinsein ausgesetzt sind. Sie schleichen sich erst in die Träume, dann in die Gedanken und schließlich ins Herz. Die Gedanken kreisen darum, werden stärker und drängen zur Tat. Die innere Einkehr wird immer schwerer. Es sind die Dämonen der Einsamkeit. Mit dem Essen und Trinken beginnt es. Wie schön wäre doch dieses oder jenes Essen oder Getränk. Auch sexuelle Gelüste belagern den Einsiedler mit immer neuen Bildern und Fantasien. Und selbst abgeschieden von anderen giert man nach Macht oder nach Geld, das man für dies oder jenes brauchen könnte.

Unmerklich wächst das Verlangen, der beste Einsiedler werden zu wollen, einer, der anderen sagt, was richtiges Christentum bedeutet. Auch die Melancholie kann einem zu schaffen machen, ob sie sich nun in Unzufriedenheit, Niedergeschlagenheit oder in Jähzorn äußert.

Und kaum hat man diese Dämonen überwunden, kommt die »Mönchskrankheit«. Sie äußert sich im Überdruss am Frommsein oder am Beten. Der gefährlichste Dämon aber, sagt Bruder Jakobus, sei Hochmut. Er flüstert: Du bist der größte Meister, du bist ganz nah an der Erleuchtung und an Gott, und alle anderen sind nur Anfänger.

Der eigene Wille ist zu schwach, um gegen all diese Versuchungen anzukommen. Dagegen hilft nur Struktur, ein geregelter Tagesablauf und das dauernd wiederholte Gebet, das die Alten Stoßgebet nannten und das als »Jesusgebet« bis heute praktiziert wird.

Deswegen gehe es für Bruder Jakobus nicht darum, noch einsamer zu sein, mit noch weniger auszukommen, sondern darum, den inneren Prozess immer wieder anzustoßen. Denn das Alleinsein dürfe kein Selbstzweck werden.

»Der Einsiedler leert sich in der Einsamkeit aus und wird empfänglich für Neues«, sagt er. »Sei es ein neues Verhältnis zur Natur, zu anderen Menschen oder natürlich zu Gott.«

Das Gespräch mit Bruder Jakobus hinterlässt bei mir ein Gefühl der Ratlosigkeit. Währenddessen war ich völlig gefangen von seiner Präsenz, seiner Redegewandtheit, der Wucht seiner Einsichten. In jeder Antwort war zu spüren, wie oft er sich und anderen sein Leben schon erklärt hat. Aber außer Hochachtung und Respekt fand ich darin nichts, woran ich hätte anschließen können mit meinen Erfahrungen mit dem Alleinsein und der daraus entstehenden Einsamkeit. Ich hätte bei jeder Äußerung nicken können. Aber reicht das? So geht es mir oft mit Kirchenleuten. Ihre Sprache, ihre Wahrheiten fallen für den täglichen Gebrauch eine

Nummer zu groß aus. So groß, dass ich mich damit unwohl fühle.

Für mich heißt Einsamkeit, Fragen zu stellen, weil sie alles infrage stellt. Das heißt, vorsichtiger zu werden, sich nicht mit der ersten Antwort zufriedenzugeben. Der Kampf mit so vielen Dämonen gleichzeitig ist mir zu martialisch.

Ich muss wohl weiter Ausschau halten.

Einsame Wölfe und Heroinen. Man muss nicht ins Kloster gehen, um Aussteiger zu finden. Sie sind unter uns, in jedem Dorf und in jeder Stadt. Doch die meisten verstecken sich gut.

Jeder weiß, dass es einsame Wölfe gibt, und doch sieht sie kaum jemand in freier Wildbahn. Sie sind scheu, aber nicht aus Schüchternheit. Am liebsten bewegen sie sich am Rand des Gesichtsfeldes. Ihr Blick ist hungrig, selbst wenn sie satt sind. Vielleicht ist es mehr der Hunger nach Leben als der nach Fressen.

Gejagt wird erst dann, wenn der Wolf es nicht mehr anders aushält, es befriedigt ihn nicht mehr. Das Töten ist ihm eine Last, er hat es zu oft getan. Meist ist ein einsamer Wolf männlich, eigentlich immer, oder? Seine Einsamkeit ist die Folge einer bewusst getroffenen Entscheidung, sie ist nicht zufällig. Partnerschaften bedeuten ihm nicht viel, seine Partnerinnen sind oft jünger und dümmer als er. Das braucht er, um sich nicht zu fest zu binden. Denn Beziehungen zu anderen Menschen sind bei ihm nicht auf Dauer angelegt. Oft sitzt er in einem Park alleine auf einer Bank, den Gehstock zwischen sich. Keine Mutter wagt es, sich zu ihm zu setzen. Die Einsamkeit hat ihn geformt und er die Einsamkeit.

Es gibt, bei den Tieren, zwei Arten von einsamen Wölfen: einmal die jungen, die das Rudel verlassen, um selbst eines zu gründen. Wobei Rudel eine Zwei-Generationen-Familie mit klarer Rollenverteilung bedeutet. Und dann gibt es die alten, die sich auf eigene Faust durch die Wälder schlagen, ohne die Absicht, wieder irgendwo einzuheiraten. Sie sind fertig damit. Und die Einsamkeit steht ihnen.

Eine gute Freundin beklagt sich nicht ganz zu Unrecht darüber, dass das weibliche Pendant zum einsamen Wolf die alte Hexe sei und dass das doch wieder typisch wäre. Die Männer stilisieren sich als Helden mit silbernem Fell, und für die Frauen bleibt wieder nur der Tod auf dem Scheiterhaufen. – Sie hat wohl insofern recht, als mir kein Beispiel für eine einsame Heroin einfällt. Selbst die Amazonen kämpften im Kollektiv.

Das gibt es nur in der Oper! Auf der Bühne bekommt weibliche Einsamkeit viel mehr Raum zugestanden als die von Männern. Vor allem in den Werken von Giacomo Puccini. Seine Heldinnen bieten das Pendant zum einsamen Wolf.

Nichts kommt in Sachen Pathos an sie heran. In fast jedem Werk führt er sie in eine Verzweiflungssituation, die genug Raum lässt für die schönsten Arien. Die Einsamkeit seiner Heldinnen ist genauso schön wie tödlich.

Die leicht exaltierte Tosca beschwört in ihrer großen Arie vor ihrem Peiniger, dass nur die Liebe und die Kunst ihrem Leben Sinn geben (*Vissi d'arte e d'amore*). Um sich schließlich verzweifelt von der Engelsburg zu stürzen. Mimi hustet sich in »La Bohème« ab dem dritten Akt in den einsamen Tod, schon wieder Single nach der kurzen Romanze mit

Rodolfo, Turandot lässt alle Freier, die ihre Rätsel nicht lösen können, köpfen. Madama Butterfly wartet jahrelang vergeblich auf ihren untreuen Amerikaner. Und schließlich Manon Lescaut, die in der Wüste verdurstet: *Sola, perduta, abbandonata* – allein, verloren und verlassen.

Ob als einsamer Wolf oder Opernheroine, beiden gelingt etwas: Nämlich der Einsamkeit eine eigene Schönheit abzutrotzen, durch die Würde und Größe, mit der sie durchlebt wird. Das liegt mir mehr, als von einer Burgruine aus aufgeregte Nonnen zu belauschen.

Im Kleinen. Wer sich nicht für den Rest des Lebens zurückziehen möchte oder sich wie die verlassene Madama Butterfly das Messer in die Brust stoßen, kann auf eine beschränkte Zeit ins Kloster oder in irgendein Meditations-Retreat, um dort die Wonnen des Alleinseins zu genießen. Wahrscheinlich verwandelt einen dieser Rückzug nicht so nachhaltig wie Bruder Jakobus, aber dafür ist er auch mit weniger Entbehrungen verbunden. Man muss sich dieses Eremitentums im Spielzeugformat genauso wenig schämen, wie man sich für das Glück schämen muss. An den kleinen Einsamkeiten lässt sich einstudieren, wie man mit dem Schmerz der großen klarkommt.

Das Alleinsein ist ein Katalysator für diese reinigende Einsamkeit. Es beschleunigt ihre Entstehung, aber auch ihre Verwandlung. Man muss dafür nicht sein ganzes Leben in einer muffigen Höhle oder auf einer Säule verbringen. Man muss nicht einmal einen Bannkreis um sich ziehen. Alleinsein geht immer. Und es lässt sich – bis auf unfreiwillige

Zwischenhalte – sehr genau eingrenzen. Ohne Begleitung zu verreisen kann für den einen schon zu viel sein – für den anderen ist es genau richtig. Oder am Abend alleine einen Spaziergang machen.

Ganz ohne Alleinsein zelebriert eine Bekannte die für sie zum Überleben notwendige Einsamkeit. Und mit minimalem Aufwand. Es reicht ihr, sich auf einem Empfang vorzustellen, eine Außerirdische zu sein. Schon fühlt sie sich völlig fremd und unendlich einsam. Dieses Gefühl hat sie ganz für sich, sie muss es mit niemandem teilen. Und das, ohne auf die Häppchen verzichten zu müssen.

Zweiundzwanzig.
Einsamkeit und Kunst

Aufsaugen. Im Lauf der Jugend legen sich die meisten ihre ganz individuelle Hausapotheke bei akuten Einsamkeitsattacken zu. Und bleiben dieser mit gelegentlichen Seitensprüngen den Rest ihres Lebens lang treu. Für manche ist es die Natur. Sie nehmen ihr Fahrrad oder den Wanderrucksack und ziehen los.

Fast in jedem Erste-Hilfe-Koffer befinden sich auch Kunstwerke. Beim einen der Plattenschrank mit Singles, beim anderen die DVD-Sammlung mit Schwarz-Weiß-Filmen. Manche versenken sich in Bilder, andere schauen eine Staffel »Sex and the City«. Man rückt in solchen Momenten an andere Einsame heran wie sonst nie. Sieht ihnen über die Schulter, pfeift ihr Lied mit, spricht ihre Worte nach. Völlig nebensächlich, ob diese Figuren am Ende weniger einsam sind oder der Sänger sich nach dem zehnten Drogenentzug das Leben genommen hat. Die Kunst verwandelt die Einsamkeit, nicht indem sie diese wegzaubert, sondern indem sie die Einsamkeit zeigt, besingt, ihr eine Sprache gibt, ihr Melodien entlockt, Bilder dafür findet. Kurz, etwas aus ihr erschafft, was vorher nicht sichtbar war.

Um zu erfahren, welche Einsamkeitsessenzen meine

Freunde für sich gefunden haben, bitte ich in einer letzten Rundmail darum, mir die effektivsten Hausmittel gegen Einsamkeit zu nennen.

Die Antworten kommen rasch. Endlich eine Umfrage, mit der alle etwas anfangen können! Nur einer merkt leicht beleidigt an, dass bei ihm immer wieder neue Werke dazukommen würden und andere wegfielen. Bei den meisten jedoch bleibt die Zusammenstellung wie erwartet über die Jahre konstant.

Eine Beobachtung überrascht. Alle gestatten sich hier und einzig hier Kitsch. Manche hemmungslos, andere intellektuell verbrämt. Als wäre Einsamkeit die lang erwartete Entschuldigung, sich endlich gehen zu lassen, eine sonst verbotene Aufweichung der Geschmacksgrenzen zuzulassen. Als wäre sie ein willkommener Anlass, sich etwas zu gönnen, das man sich sonst versagt.

Einig sind sich alle, dass die Kunstwerke mit Einsamkeit zu tun haben müssen, wie Bachs Goldberg-Variationen oder Mozarts Klavierkonzerte. Gute-Laune-Musik hilft nicht.

»Bei mir sind das die späten ›American Recordings‹ von Johnny Cash«, schreibt ein Freund. »Nichts als Gitarre und Stimme, in der so viel Traurigkeit und Einsamkeit liegt im Angesicht des Schlussakkords seines Lebens, dass ich nicht mehr als ein bis zwei Songs hören kann, ohne dass mir die Tränen kommen. Wer weinen kann, ist schon weniger einsam.«

Obwohl ich nach Kunstwerken aller Gattungen gefragt habe, dominiert eine. Anscheinend fängt die Poesie Einsamkeit am besten ein. Immer wieder genannt werden Gedichte von Rainer Maria Rilke, Georg Trakl, Gottfried Benn oder den Menschenverstehern Erich Kästner und Kurt Tucholsky.

In Gedichten verliert das Wort »Einsamkeit« endgültig allen Schrecken und beginnt stattdessen zu vibrieren, wie ein Versprechen. Eben weil hier dem Schweigen etwas abgetrotzt wird. Und zwar kein Geplapper, sondern das eine Zauberwort. Kaum ist es gesagt, hebt die Welt an zu singen.

Schaffen. Ein bildender Künstler hat mir erzählt, dass sich in sein Atelier manchmal Besucher der benachbarten Galerie verirren würden. Denen sei es immer unangenehm, ihn in seinem Alleinsein zu stören. Ganz selbstverständlich gehen sie davon aus, dass ein Maler für sich sein muss.

Fast alle Kunstwerke entstehen aus der Einsamkeit. Es scheint fast so, als ob sich Kreativität dort am besten entfaltet. Zumindest im Alleinsein, dem immer auch ein Gran Einsamkeit beigemischt ist. (Wenn es einsame Wörter gibt, dann ist »Gran« eines davon.)

Die Wiedergabe eines Kunstwerks, die Aufführung, ob auf der Theaterbühne oder in einem Konzert, geschieht hingegen in Gemeinschaft, in der engen Verbindung von Schaffenden und Publikum. Die Einsamkeit des Komponisten hallt im gebannten Zuhören wider. Musik entsteht im Schweigen und wird im Schweigen aufgenommen. Alle Kunst ist deshalb eine Schule in Einsamkeit. In dieser lernt man, ihr etwas abzulauschen.

Auch das Schreiben ist eine einsame Tätigkeit. Nur ich und diese abgenutzte Sprache, die man irgendwie zum Glänzen bringen muss. Worte, nichts als Worte! Welches Lebensgefühl lässt sich davon schon einschüchtern? Und dann noch so ein hartnäckiges wie die Einsamkeit. Vielleicht kann man ihr trotzdem mithilfe der Sprache etwas abringen, ihr wenigstens neue Schattierungen hinzufügen oder die mitschwingenden Obertöne hörbar machen.

Dennoch ist es mühsam, Satz an Satz zu reihen in der Hoffnung, dass in den Zwischenräumen etwas sichtbar wird, ein Geruch, eine Stimmung, ein Gefühl. Und ein überaus zerbrechliches Unterfangen. Sollte ich die ganzen abgebrochenen Sätze, die Wiederholungen und gestrichenen Absätze stehen lassen? Erzählen sie nicht mehr von der Einsamkeit als die dutzendfach polierten? Aber hat nicht jeder, der mir lesend seine Aufmerksamkeit schenkt, ein Recht darauf, dass ich meine Selbstzweifel irgendwann in den Griff bekomme und dass die Selbstkritik das Schlimmste verhindert? – Eigentlich mag ich es nicht, wenn Schriftsteller darüber laut (und meist doch irgendwie selbstgefällig) nachsinnen. Es ist halt ihr Beruf. Und der Leser hat ein Anrecht darauf, verschont zu bleiben von den Anstrengungen der Hervorbringung. Sie oder er möchte die reifen Früchte genießen und nicht das Fallobst. Also genug davon.

Da das Schreiben einsam macht, ist es kein Wunder, dass die Literatur so unendlich viele einsame Helden kennt. Die etwas besonders macht, ihr Schicksal, ihr Charakter, ihre Beziehungen, ihre Gedanken. Und dieses Besondere sondert sie ab, macht sie verletzlich. In ihnen erkennt man den Widerschein der Einsamkeit des Autors.

Immer, wenn diese beim Schreiben über mir zusammenbricht und mich unter sich begräbt, rufe ich mir einen Kollegen ins Bewusstsein. Er schreibt seine Krimis auf Ischia. Mit Blick auf einen Garten, der von einem schrulligen alten Ehepaar gepflegt wird. Italienisch spricht er gerade gut genug, um dem Alten verständlich zu machen, wenn ein Sturm beinahe eine Zypresse gefällt hat.

Ob er nicht manchmal auch einsam sei, fragte ich ihn einmal. Er schüttelte den Kopf.

»Ich habe doch meine Figuren, die plappern den ganzen Tag.«

Unerwartetes. Vor gar nicht allzu langer Zeit habe ich steif und fest behauptet, dass Haustiere von ihren Besitzern einzig deswegen angeschafft werden, um sich der eigenen Einsamkeit nicht stellen zu müssen.

Bis mir eine Berliner Bekannte erzählte, ihr bester Freund, ein Klarinettist, hätte zeitgleich mit ihr beschlossen, die folgenlosen Schwärmereien für Männer einzustellen.

Recht bald hat er jedoch gemerkt, dass er mit seinem Instrument alleine auf Dauer auch nicht glücklich würde, und hat sich eine Katze angeschafft. Noch nie habe sie diesen Freund, der sonst fast krankhaft schüchtern sei, so gelöst erlebt. In größeren Runden habe er nun ein Gesprächsthema, bei dem er sich sicher fühle. Er habe eine Selbstsicherheit entwickelt, die sie ihm niemals zugetraut habe. Und außerdem handele es sich um ein durch und durch musikalisches Tier.

»Was Besseres kann einem doch nicht passieren, oder?«, fragte die Bekannte siegessicher. Ich nickte. »Außerdem liebt sie Mozart, wie wir alle.«

Ihre Geschichte berührte mich auf ganz eigenartige Weise. Wieder zurück in München ertappte ich mich sogar dabei, Katzenrassen zu googeln. Schnell schloss ich das Browser-Fenster.

Ein paar Tage später muss ich mit Knien am Armaturenbrett als Beifahrer zu einer Feier fahren, weil der Hund hinter mir ausreichend Platz braucht. Sein Herrchen besteht mit größter Selbstverständlichkeit darauf, dass ich mit dem Sitz nach vorne rutsche. Widerspruch zwecklos. Da wird mir klar, dass es wirklich egal ist, ob man mit einem Hund oder seinen Kakteen oder seinen Schafkopfnachbarn in Kontakt kommt. Hauptsache, man tut es überhaupt. Alles ist erlaubt, um eine Verbindung zur Welt aufzunehmen, auch Haustiere.

Hat mich das Eintauchen in den Kosmos Einsamkeit etwa auch noch milder gemacht? Stärker und gleichzeitig milder – vielleicht keine schlechte Mischung. Vielleicht hat sie auch nur dazu geführt, die Einsamkeit und die Mittel dagegen nicht dauernd zu bewerten.

Dreiundzwanzig. Einsam, na und?

Trotz allem. Die Schichten in der Telefonseelsorge dauern tagsüber vier Stunden, doch in der Nacht ist der Berater am Telefon von zehn bis sieben allein. B. macht das erst seit ein paar Monaten, und doch kommt es ihm vor wie eine Ewigkeit. (Nach unserem Gespräch hat er um größtmögliche Unkenntlichkeit gebeten. Er soll nicht einmal Freunden von seinem Ehrenamt erzählen, damit die Beratung in völliger Anonymität stattfindet. Deswegen stimmt nicht einmal der Anfangsbuchstabe seines Vornamens.)

Manchmal hat er, so um zwei in der Nacht in dem leeren Bürogebäude, das Gefühl, der einzige wache Mensch in der ganzen Stadt zu sein. Doch ein paar Sekunden später klingelt das Telefon erneut und beweist das Gegenteil.

Völlig überrascht hat B., dass es da draußen Menschen gibt, die vollkommen allein sind mit ihren Problemen: keine Familie, keine Freunde, keine Nachbarn, keinen einzigen Menschen. Oft bemerken sie das, wenn sie an ihren eigenen Tod denken. Dann wird es niemand geben, der sie betrauert. Das schmerzt am meisten. Bei vielen schlägt die Einsamkeit schließlich in Verbitterung um. In diesen Fällen gehen alle sonst hilfreichen Impulse von B. ins Leere: darüber nachzudenken, ob es nicht doch einen Menschen, eine Beschäftigung gibt, die einen aus dem Gefühl der Ausweglosigkeit herauskatapultieren würde. Bewegung hilft oft, und auch wenn es nur ein Spaziergang wird. Besser, als den ganzen Tag im Bett zu verbringen. Manchmal kommt sein Impuls an, manchmal nicht, und oft weiß er nach dem Auflegen nicht einmal das.

Eine andere Gruppe einsamer Menschen hat zwar andere um sich herum. Meistens leben sie sogar in einer Beziehung, aber über ein bestimmtes Thema können sie mit niemandem reden. Das führt in eine besonders einsame Hilflosigkeit. Unlängst rief eine Schwangere an. Erst vermutete B., sie könne nicht mit ihrem Mann sprechen, weil das Kind nicht von ihm war. Was auch stimmte, doch der eigentliche Grund war nach Aussage der Frau, dass es ihn nicht interessiere.

B. bestätigt das meiste, was ich mir über Einsamkeit in den letzten Monaten zusammengereimt habe. Einzig die Ummantelung der Einsamkeit mit Scham scheint »da draußen« noch viel unnachgiebiger und undurchlässiger, als ich mir vorstellen konnte. Manche lähmt sie komplett. Überrascht bin ich auch, dass sie kaum farbig schillert. Im Gegenteil, die meisten von B.s Geschichten tauchen die Einsamkeit in betongraues Novemberlicht und lassen alle ihre schönen Geschwister verblassen: die Freiheit, die Sehnsucht, alles Heldenhafte ist wie weggewischt.

Dennoch bekräftigt B. mehrfach, dass er nicht erschöpft aus diesen Nächten geht, nicht ausgebrannt von all dem Leid. Im Gegenteil, es gibt ihm sogar etwas.

Anscheinend kann man der Einsamkeit etwas abgewinnen, was ich bislang völlig übersehen habe: Stärke. Und menschliche Größe. Sie zwingt einen, alle Kräfte zu mobilisieren.

»Oft bleibt nicht das Mitleid mit den Anrufern haften,

sondern ein ganz anderes Fazit, nämlich: Unglaublich, wie dieser Mensch es mit all dem Leid durchgehalten hat. Wie viel Energie in ihr oder ihm trotz allem steckt. Und wie viel Kreativität manche entwickeln, um das zu überleben. Unterm Strich gehe ich sogar gestärkt aus diesen Begegnungen.«

Veränderungen. Was ist nur mit mir los? Ich weiß nicht, wann es genau begann. Vielleicht, als ich vor einem guten Monat trotz aller Widrigkeiten beschloss, mit einer riesigen Gruppe von Freunden, Fremden und Bekannten in die Toskana zu fahren. Vielleicht auch schon, als in meinem Stammcafé das Schachturnier begann. Zunächst hatte ich mich ein wenig gesträubt, schließlich kannte ich die anderen Spieler nur flüchtig. Dann aber sagte ich meine Teilnahme zu. Durch einen etwas forschen Satz zog ich mir vor dem ersten Spiel den Ruf zu, der Schachkönig des Viertels zu sein. Und verliere seitdem frohgemut Partie um Partie, ohne dass mein Nimbus sichtbar Schaden nimmt, und lerne bei jeder Begegnung einen neuen Menschen kennen.

Auch jenseits des Schachbretts purzeln die Bekanntschaften nur so auf mich ein. Ohne dass ich mich anstrenge. So ohne jede Verkrampfung ist mir das im Leben noch nie gelungen. Oder es bleibt eine Nachbarin in der Tür stehen und sagt, dass sie gerne mit mir ratschen wolle. Mit mir wortkargem Stoffel, frage ich mich verwundert. Manchmal ist das ein wenig unheimlich.

Und auf einmal gehöre ich zu einer weiteren Schafkopfrunde, bestehend aus Senioren, nur drei Häuser weiter.

Diese Mühelosigkeit im Knüpfen neuer Kontakte ist mir bisher fremd gewesen. – Als Kind waren mir meine Eltern unglaublich peinlich, die an keinem Gartenzaun vorbeigehen können, ohne ein Gespräch zu beginnen. Als Erwachsener habe ich sie genau um diese Mühelosigkeit beneidet. Und jetzt bin ich auf einmal in ihre Fußstapfen getreten, auch weil ich keine Schwierigkeiten mehr damit habe, die Angesprochenen wieder ziehen zu lassen. Außerdem klopfe ich nicht jede Begegnung daraufhin ab, ob sich daraus eine Freundschaft oder eine Liebe fürs Leben ergeben könnte.

Diese Entspanntheit zieht sich bis ins Berufsleben. Ganz gegen meine Gewohnheit rufe ich Kollegen an, statt eine Mail zu schreiben, und plaudere nach dem Geschäftlichen, weil es mir Spaß macht und nicht nur, weil das gut für das Betriebsklima ist.

Freunde, denen ich meine Verblüffung erklären möchte, sagen: »Du hattest doch schon immer viele Freunde, das nehme ich dir nicht ab, dass du damit Probleme hattest.« Das mit den vielen Freunden stimmt, aber es war ein geschlossener Kreis, über den ich sorgsam gewacht habe. Wie der Kommandant einer Wagenburg, in der ich mich verschanzt hatte, aus lauter uneingestandener Angst, bald ohne Freunde dazustehen.

Ich klammere nicht mehr, weder an die Menschen aus meiner Vergangenheit noch an die der Gegenwart. (Zugegeben, das mit der Vergangenheit ist manchmal ein frommer Wunsch …) Vor allem aber klammere ich mich nicht mehr an meine Einsamkeit, nur weil sie mir vertraut ist.

Wenn das so weitergeht, brauche ich mich vielleicht eines Tages nicht mehr hinter meinem Chatprofil zu verstecken, sondern spreche einen Typen, der mir gefällt, einfach an …

Mit Sicherheit wäre ich nicht an diesen Punkt gelangt,

hätte ich mich meiner Einsamkeit nicht mit Karacho gestellt. Und indem ich sie ansah, entdeckte ich mich. Gerade dadurch, dass ich nun benennen kann, wie weit die Einsamkeit und die Angst vor ihr mein Verhalten und Empfinden dominiert haben.

Natürlich gibt es weiterhin Abende, an denen ich verstockt dasitze und schweige. Mich im Beobachten der anderen verliere, mir an der einen das und an ihrem Nachbarn jenes nicht passt. Aber ich mache mir nicht dauernd Vorwürfe, auf direktem Weg ein bärbeißiger Kauz im Rollstuhl zu werden. Und wenn ich an der Straßenbahnhaltestelle nach dem Smartphone greife, weiß ich, ob es aus Langeweile oder einer flüchtigen Anwandlung von Einsamkeit ist – und lasse es auch mal stecken.

Dabei ist mir bewusst, dass all meine neuen Schafkopfrunden und Schachbekanntschaften mich nicht vor dem Sturz in das nächste Einsamkeitsloch bewahren werden. Vielleicht verschwinden sie sogar ganz schnell wieder, wenn es mir nicht gut geht. Entscheidend ist das Vertrauen darin, dass irgendwann neue kommen werden. Nur ansprechen muss ich sie selbst. Das nimmt mir niemand ab. »Alle Dinge, die guten, wie die bösen, rauschen wie ein Strom vorbei«, schrieb Thoreau.

Einsamkeit ist ein Warnsignal, dass etwas nicht stimmt. Im Verhältnis zu anderen oder zu sich selbst. Es wäre fahrlässig, so zu tun, als hätte man es nicht gehört.

Bei meiner Reise nach Barcelona kam in einem Lokal ein Kellner auf mich zu und fragte, für wie viele Personen ich einen Tisch bräuchte. Ich sah mich um wie ein ertappter Ladendieb. Alle anderen Gäste waren in Gruppen von mindestens vier Personen unterwegs.

»Ich bin allein«, sagte ich leise.

Er lachte und antwortete. »Das ist nicht schlimm.«

Daran muss ich jetzt in der Toskana denken, an einer Tafel mit Blick über Olivenhaine, um die gut zwei Dutzend Leute lärmend essen und trinken. Der Regen vom Nachmittag hat sich verzogen. Die Korbstühle sind noch feucht, aber das stört niemand angesichts der Nudelberge auf dem Tisch.

Nein, es ist nicht schlimm, hier schweigend zu sitzen und über ein Thema nachzusinnen, das schon lange nicht mehr Gegenstand des Palaverns ist. Es ist auch nicht schlimm, als Erster ins Bett zu gehen, während die anderen immer lauter reden und lachen. Auch nicht, wenn man der einzige Rollstuhlfahrer der Gruppe ist. Und es tut sogar richtig gut, im Bett liegend nicht auf sein Handy zu starren – schon allein deshalb, weil ich es nicht einmal mitgenommen habe.

Alles nicht schlimm.

Sichtbares. Auf der Piazza del Campo in Siena stellt sich eine angetrunkene Hochzeitsgesellschaft zum Gruppenfoto auf. Die Mutter des Bräutigams im Mafiosi-Anzug stützt die Braut auf atemberaubend hohen Schuhen. Sie lächeln befreit, allerdings erst, nachdem der Fotograf seine Kamera eingepackt hat.

Zunächst entdecke ich bei meiner Suche nach Zeichen der Verbundenheit außer bei den Brautleuten nur ein anderes Paar, das gemeinsam einträchtig an einer Eistüte schleckt. Und schließlich eines, das vergnügt darüber streitet, in welche Richtung es gehen soll: gleich zum Dom oder erst zum Bummeln … Doch mit der Zeit sehe ich viel mehr. Es ist, als ob ein Schleier nach dem anderen weggezogen würde.

Ein alter Mann auf einer Bank zündet einem gleichaltrigen Rollstuhlfahrer eine Zigarette an. Die Hände von beiden zittern, aber irgendwie gelingt es nach einer Weile.

Auf der nächsten Bank halten drei beleibte Damen den Platz für die vierte mit Krücken frei. Oder da, der junge Mann, der seinen Hund zehnmal öfter streichelt als seine hübsche Freundin. – Vielleicht ist alles nur eine Frage, wie genau man hinsieht? Und mit welcher Erwartung. Einsamkeit oder Verbundensein sind nur unterschiedliche Formen der Wahrnehmung.

So hätte man die Entdeckung eines Lebensgefühls auch angehen können: Mit der Beschreibung all der möglichen Verbindungen von Menschen mit anderen, mit sich selbst, mit der Welt. Ich bin den anderen Weg gegangen, habe mir erst die Einsamkeit angesehen und in einige ihrer tausend Gesichter geblickt. Nun sehe ich ihre Gegenspielerin genauso deutlich. (Anders als weiblich kann ich mir die beiden gar nicht vorstellen.)

Wahrscheinlich fühlen sich manche der sonnenhungrigen Touristen einsam, in einer Beziehung, in ihrem zerbrechlichen Körper oder gar mit sich. Manche spüren es gerade, andere verdrängen es geschickt. Und dennoch sind sie mit unendlich vielem verbunden. Beides ist gleichzeitig möglich.

Vierundzwanzig. Aufbruch

Am Schluss. Nachdem ich meinen Frieden mit der Einsamkeit geschlossen habe, begegne ich Uli. Sie arbeitet seit vielen Jahren als Pflegerin in einem Hospiz. Ob sie da nicht tagtäglich mit Einsamkeit konfrontiert werde, frage ich. Hinreichend gewappnet für alles, was auf diese Frage wohl kommen wird.

Doch sie schüttelt den Kopf. So überraschend das vielleicht klinge, aber um Einsamkeit gehe es kaum. Bei Sterbenden erlebt sie diese äußerst selten als zentrales Thema, und wenn doch, dann bei den Angehörigen. Die Zurückbleibenden haben es schwerer als die Gehenden.

Bei vielen Sterbenden fällt sogar eine Last ab, sobald sie sich für das Hospiz entschieden haben. Und damit gegen eine weitere Operation, eine zusätzliche Bestrahlung. Das Hospiz ist die letzte Station eines meist langen Leidensweges. Die Angst, die Verzweiflung, das Aufbäumen gegen das Schicksal und die damit verbundenen Einsamkeitsattacken liegen weit zurück.

Früher, als Uli noch in der ambulanten Pflege arbeitete, sei das anders gewesen. Was sie da gesehen habe an Einsamkeitsverzweiflung in erloschenen Wohnungen, übersteige alles Vorstellbare bei Weitem. Am drückendsten aber war die Erfahrung von Einsamkeit, als sie einen Winter lang ehrenamtlich obdachlose Frauen im Gewölbe einer Kirche bewirtete und die Nacht gemeinsam mit ihnen verbrachte. Die alten und kranken Frauen am Morgen in die Kälte schicken zu müssen, sei kaum erträglich gewesen.

Nun im Hospiz sieht sie, wie Sterbende am Ende immer mehr hinter sich lassen, auch die Einsamkeit, um die letzten Schritte zu gehen. Einfacher tun sich die mit leichtem Gepäck, die gelassen – weil im Großen und Ganzen zufrieden – auf ihr Leben zurückblicken.

»Wer mit sich im Reinen ist, geht auch gut«, sagt Uli.

Wir schweigen. Ich möchte ihr von Sebastian erzählen, von seinem nicht nachvollziehbaren Entschluss für den Tod und über die ihm von mir unterstellte Einsamkeit sprechen. Und über die von ihm hinterlassene. Aber ich kann es nicht, meine Stimme versagt, Tränen steigen mir in die Augen. Uli blickt mich fragend an.

»Darüber kann ich nicht sprechen«, sage ich.

»Dann ist es gut, dass du darüber geschrieben hast.« Und nach einer Weile fährt sie fort: »Natürlich gilt nicht für alle, dass das Sterben ein friedvolles Sichverabschieden ist. Gerade wenn der natürliche Lauf umgekehrt ist und Eltern ihre Kinder überleben, dann ist die den Tod überwölbende Einsamkeit unermesslich groß.«

Uli hat oft genug erlebt, dass Sterbende den allerletzten Augenblick mitbestimmen. Sehr oft würde dieser kommen, wenn die Angehörigen kurz das Zimmer verlassen haben. Sobald er für einen Moment nicht festgehalten wird, kann der Sterbende gehen. Und davontreiben, in Verbindung mit dem Lauf der Natur. Wohin auch immer. Sterben heißt, auf Wanderschaft gehen. Die letzte Reise antreten. Allein zwar, aber nicht einsam.

Zum Schluss erzählt Uli von einer Frau, die in ihrem Leben viel herumgekommen ist. Reisen hatten sie an die exotischsten Orte der Welt geführt. Bei ihrem Einzug in das Hospiz hängte sie an die Wände gegenüber des Bettes zahlreiche Urlaubsfotos. Doch von Tag zu Tag verschwand eines von ihnen.

»Die Frau hat zu mir gesagt, dass sie sich jede Nacht von einem der Orte verabschiedet. Das empfand ich als völlig stimmig. In diesem bewussten Aufgeben von Verbindungen an ihr Leben war kein Platz für Einsamkeit.«

Beim Weg zurück nach Hause sehe ich in die herbstbunten Blätter. Ein kleines Kind bettelt vergebens um das letzte Eis des Jahres. Vielleicht, überlege ich, ist die Einsamkeit am Lebensende ja doch nur die Vorbereitung für ein viel umfassenderes Einssein, als ich mir vorstellen kann.

Morgen schon. Der Blick aus dem Fenster zeigt nur eines: grau, grau, grau. Drei Stunden später bin ich davon überzeugt, dass es seit der Erschaffung der Welt regnet und bis zu deren Untergang nicht aufhören wird. November eben. Die ersten Wolken der Weihnachtseinsamkeit ballen sich am Horizont zusammen.

Doch der Regenradar im Internet widerspricht. Auch dieser Ewigkeitsregen besteht aus allmählich vorüberziehenden Wolkenfeldern, die morgen wohl schon wieder verschwunden sein werden. Genauso kann man auch die Einsamkeit auf zweierlei Weise erleben: entweder unter ihr leiden und sich das Leben vermiesen lassen oder aber sie anschauen – und beobachten, wie sie über einen hinwegzieht.

Bin ich noch einsam?

Ja, ich bin es, ich war es, und ich werde es wieder sein. Und gleichzeitig bin ich es nicht, war ich es nicht und werde es nicht sein, denn da ist immer etwas, was mich in Verbindung hält mit dem Leben. Noch so ein Widerspruch in einer Welt voller Widersprüche. Es gilt, sie auszuhalten. Selbst wenn ich einsam bin, bleibe ich in Verbindung.

Es gibt weiterhin Tage, an denen niemand anruft oder alle anderweitig verabredet sind. So geht man ins Bett, einsam und allein. Und schon am nächsten Morgen sind sie wieder da, wollen etwas von einem. Es ist ein Heranfluten und Abebben der Einsamkeit. Wenn man sie nicht festhält, zieht sie sich irgendwann zurück.

Leben ist *auch* Einsamsein. Sie kommt und bleibt und verschwindet wieder, irgendwann. Ein Gefühlszustand wie jeder andere auch. Aber sie erfüllt noch eine andere Funktion: Einsamkeit ist Revolte gegen das Diktat, sich konformistisch zu verhalten, sie ist Verweigerung von Konsum, Verweigerung von einfachen Glücksversprechen. Sie ist der Stachel im durchgetakteten Leben. Sie wirft uns auf uns selbst zurück. Natürlich tut sie weh, man kann sich sogar gefährlich an ihr verletzen. Denn die Einsamkeit erzählt einem ein paar unangenehme Wahrheiten über sich selbst. Dinge, die man eigentlich nicht hören möchte. Und gleichzeitig macht sie es einem einfach, diese zu überhören. Doch ihr nicht zuzuhören oder ihr sofort ausbüxen zu wollen kostet auf Dauer mehr Kraft.

Das heißt, sich nicht nur die Rosinen herauszupicken: nicht nur die Freiheit und die Abenteuer. Das Unangenehme, das Störende, das Beschämende, das Luftabschnürende, all die hässlichen Geschwister der Einsamkeit lassen sich nicht schönreden. Sie gehören dazu. Allerdings verändern sie sich, wenn man weiß, woher die Einsamkeit kommt und wohin sie gehen wird. Also heißt es zunächst, sich ihr zu stellen. Und dann zu entscheiden, was man mit und aus ihr macht.

Einsamkeit ist ein Innehalten des Lebens, nichts Endgültiges. Auch sie eine Expedition. Und schon deswegen keine Sackgasse, sondern eine Abenteuerreise.

Wie immer an solchen grauen Tagen suche ich die CD einer unglücklichen Diva heraus und stelle die Anlage auf *repeat*. Über die Einsamkeit singen sie die ergreifendsten Lieder. Nicht zufällig, denn die meisten sind am heroischen Alleinsein des Erfolgs zerbrochen. Und nicht nur irgendwie, sondern mit Pauken und Trompeten untergegangen; auf der Bühne gefeiert, im echten Leben todunglücklich. Von der Callas bis Amy Winehouse. Sie sind die wahren Heldinnen der Einsamkeit, nicht die Eremiten oder sonst wie Erleuchteten. Wie beispielsweise Dalida, eine der größten und tragischsten. Mehrere ihrer Lebensgefährten haben sich das Leben genommen, bis sie selbst im Jahr 1987 ihrem Leben ein Ende setzte.

In »Um nicht allein zu sein« listet sie auf, was Menschen alles tun, um vor der Einsamkeit davonzulaufen: *Um nicht allein zu sein... hält man sich einen Hund, pflegt einen Rosenstock, küsst einen fremden Mund*. Man baut Kathedralen oder setzt Kinder in die Welt. Die dann wieder einsam sind, wie alle Kinder. Das ganze Leben, nichts als ein auswegloser Kampf gegen die Einsamkeit. So besingt es Dalida mit ihrem wunderbaren ägyptischen Akzent, der nichts wirklich schlimm klingen lässt: *Um nicht allein zu sein... hat Kirchen man geweiht und flüchtet sich hinein in neue Einsamkeit.*

Ich weine, während das Lied läuft. Ganz ohne mich dafür

zu schämen. Bis ich genug davon habe und die Stereoanlage ausschalte.

Bereit für den Aufbruch. Eine ganze Woche lang hat es ununterbrochen geregnet. Doch an diesem Morgen ist der Himmel ohne eine Wolke. Die Sonne versteckt sich noch hinter dem Nachbarhaus. Durch die Vorhänge gibt sich die Welt bereits zu erkennen. Einige Vögel genießen die Narrenfreiheit eines warmen Dezembermorgens und rufen den Frühling aus.

Im Bett liegend sehe ich mich in meinem Zimmer um. Alle Gegenstände sprechen mit mir, erzählen eine Geschichte. Das Foto von mir, wie ich mit Gehstock die Third Avenue in New York überquere. Die blaugrauen Vorhänge aus der letzten Wohnung. Die Schramme im Türstock von einer betrunkenen Rollstuhlfahrt... All die Erinnerungen, die mit ihnen verbunden sind, bilden ein fröhliches Durcheinander.

Und nicht nur das, auch die Art, wie ich meine Hände aufstütze, um mich umzudrehen. Meine Gewohnheiten und Befindlichkeiten. Alles ist mir vertraut und doch auch fremd. Genau wie dieser Körper, der mich dauernd wieder überrascht. So viel von allem. Ich kann schon deswegen nicht völlig einsam sein, weil ich Teil dieser überbordenden Welt bin.

Vor einem Jahr noch wollte ich mich der Einsamkeit stellen, indem ich sie zum Duell herausforderte. Dabei hat jeder Mensch ein Recht auf sie, es gibt keine Verpflichtung, sie sofort überwinden zu müssen.

Als es mit ABBA zu Ende ging, sagte Agnetha: »So natürlich, wie wir zusammengekommen sind, gehen wir wieder auseinander.«

Ich möchte mich nicht mehr von der Einsamkeit als Geisel nehmen lassen. Mich nicht verkämpfen und nicht von ihr aufreiben lassen. Sie hat meine volle Aufmerksamkeit verdient, aber nicht meinen letzten Tropfen Blut. Und letztlich ist die beste Art, mit ihr klarzukommen, doch die, mit sich selbst klarzukommen

Zeit, aufzustehen.

Einsamsein heißt, sich bereit machen für den Aufbruch.

ENDE

Nachtrag. Eben habe ich mit der Berliner Bekannten telefoniert, die im Sommer von ihrem schüchternen Musikerfreund voller Liebeskummer erzählt hatte. Dieser kommt zurzeit kaum dazu, Klarinette zu üben, denn er ist frisch verliebt. Damit nun aber seine Mozart liebende Katze nicht den ganzen Tag alleine ist, hat er sich eine zweite angeschafft.

Dank und Widmung

Gerade ein Buch über Einsamkeit lässt sich nicht alleine schreiben. Ich danke, mit Mut zur Lücke, für jedwede Form der Unterstützung: Nena Snezana Akhtar, Thea Albrecht, Michael von Brück, Udo Ebitsch, Tobias Freudenreich, Gotthard Fuchs, Philipp Haußmann, Bruder Jakobus, Andreas Geyer, Anke Göbel, Uli Grambow, Andrea Kammhuber, Regina Kammerer, Jakob Kampermann, Peter Künzel, der Lollo-Rosso- sowie der Lazy-Olive-Gang, Eva Mair-Holmes, Martin Mittelmeier, Simone Neumann, Susanne Plaßmann, Martin Pröstler, Jens Schadendorf, Hannelore Schlaffer, Fridolin Schley, Christine Schneider, Christian Schünemann, Katrin Schuster, Evi Simeoni, Thomas Steinforth, Petra Thorbrietz, Frédéric Valin, Familie Weig, Gregor Woeltje und Fabiola Zecha.

Widmen möchte ich es Jan Hendrik Molly.

Zitierte Literatur

Drei. *Das Zeitalter der Einsamkeit.* Odo Marquard, zitiert nach: Rudolf Walter (Hg.): Von der Kraft der sieben Einsamkeiten. Freiburg 1983 – Herman Hesse: Im Nebel. In: Karl Otto Conrady (Hg.): Das große deutsche Gedichtbuch. München 1995

Neun. *Stolz.* Albert Camus: Der Fremde. Reinbek 1973 – Das schönste Kind. Herbert Marcuse, zitiert nach: Joachim Ritter (Hg.): Historisches Wörterbuch der Philosophie, Band 2. Darmstadt 1972

Vierzehn. *Im Internet.* Clemens Brentano: 25. August 1817. In: Karl Otto Conrady (Hg.): ebd. – *Bücher.* Theodor Fontane: Der Stechlin. München 1978

Sechzehn. *Singledasein.* Erich Kästner: Kleines Solo. In: E.K.: Gedichte. Leipzig 1998

Zwanzig. *Gott selbst.* Elie Wiesel, zitiert nach: Rudolf Walter (Hg.): Von der Kraft der sieben Einsamkeiten. Herder 1983 – *Buddha.* Ders., zitiert nach: Karl Jaspers: Die maßgebenden Menschen. Sokrates, Buddha, Konfuzius, Jesus. München 1964 – *Jesus.* Bibel (Einheitsübersetzung) – *Mohammed.* Mohammed Ibn Ishaq: Das Leben Mohammeds. Hamburg 2014

Einundzwanzig. *Kurze Geschichte des Rückzugs.* Sigmund

Freud: Das Unbehagen in der Kultur. Und andere kultur-
theoretische Schriften. Frankfurt/Main 2008 – Henry D.
Thoreau: Walden oder Leben in den Wäldern. Jena 1922

Dreiundzwanzig. *Veränderung.* Henry D. Thoreau: ebd.

David Slattery

How To Be Irish
Irland für Anfänger

320 Seiten, btb 71536
Deutsch von Gabriele Haefs

Wie man zum waschechten Iren wird

Was macht einen wahren Iren aus? Wie feiert man in Irland
eine Hochzeit? Und warum sind dort immer mindestens 200
Gäste eingeladen? Was sind die wichtigsten Regeln in einem
Irish Pub? David Slattery zeigt uns, welche Besonderheiten
und Eigenheiten die Iren von ihren Nachbarn unterscheiden.
Mit Fachkenntnis und einer ordentlich Portion Humor
führt uns David Slattery durch die Regeln des irischen
Miteinanders. Für seine Recherchen schleuste er sich in eine
politische Partei ein, arbeitete am Empfang einer Arztpraxis,
trug Frauenkleidung und besuchte zahlreichen Pubs – alles im
Dienste der Wissenschaft!

»Ein höchst interessanter, amüsanter und sehr zugänglicher
Einblick in alles, was einen Iren ausmacht.«
Ireland's Own

btb